現場レポート

# 世界のニュースを読む力

2020年 激変する各国の情勢

Rally in the Streets

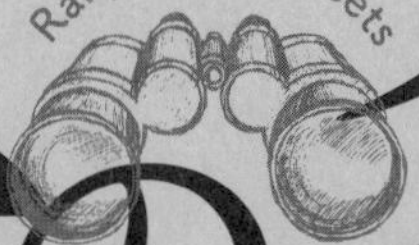

AKIRA IKEGAMI

JULIA MASUDA

池上彰×増田ユリヤ



プレジ

「反・反難民」を訴える中学生。手作りのプラカードに、極右団体AfDのロゴにバツマークがあった　@ドイツ・ニュルンベルク

EU擁護派の集会の様子
@ドイツ・ミュンヘン

排外主義団体「プロ・ケムニッツ」のデモの様子。横断幕は、「私たちこそドイツの国民だ」の意
@ドイツ・ケムニッツ

民主党の候補者を応援するボランティアの戸別訪問に
同行させてもらった　@ニューヨーク・クィーンズ地区

農家を営むコリンズ兄弟。栽培する大豆を見せてもらっ
ているときの様子　@アメリカ・ミネソタ州

ヒスパニック系女性下院議員オカシオ・コルテス氏の支援者
が集まるメキシコ料理店　@ニューヨーク・ブロンクス地区

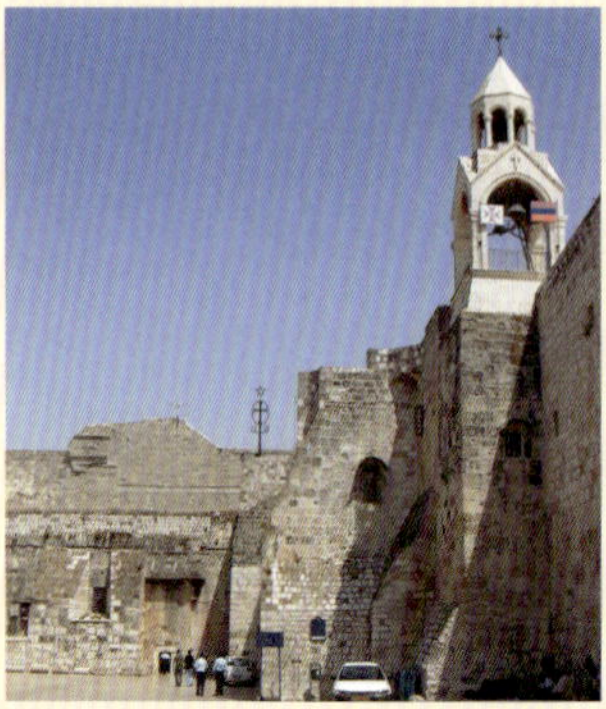

世界遺産である聖誕教会の外観（左）とその内部にあるイエスが生まれたとされる場所（上）
@パレスチナ・ベツレヘム

ユダヤ人地区とムスリム地区が隣接する様子（左上）。イスラム教の聖地である岩のドーム（右上）。聖墳墓教会にあるイエスの十字架が建てられた場所（左下）。嘆きの壁の前でユダヤ教の成人式であるバー・ミツバを祝う（右下）
@エルサレム旧市街

奥の建物が北朝鮮の板門閣、手前の青い建物が軍事停戦委員会本会議場（上）。軍事停戦委員会本会議場内部の様子（左下）
@韓国・北朝鮮の国境、板門店

移民たちを支援する施設の外観（左）とその内部の様子（右）@デンマーク

移民が住む「ゲットー」と呼ばれる居住地の建物@デンマーク

チェコとの国境の町に滞在する難民の様子@ドイツ・ニーダーバイエルン

メキシコからアメリカへわたる国境線の様子@ノガレス

キプロスの国境にて、インド軍とアイルランド軍の国連PKOと撮影@キプロス·ニコシア

プロテスタント居住区とカトリック居住区を隔てる壁のゲート@北アイルランド・ベルファスト

イスラエルとパレスチナを隔てる分離壁＠イスラエル

首府ベルファストにあるカトリック居住区とプロテスタント居住区を隔てる壁＠北アイルランド

アメリカとメキシコを隔てる壁のメキシコ側の様子＠ノガレス

ミュンヘン郊外に反り立つ壁。壁の内側には難民の収容施設がある＠ドイツ・ノイバーラッハ

1989年に崩壊したベルリンの壁は、一部が当時のまま保存されている＠ドイツ・ベルリン

# はじめに　―世界は驚きに満ちている

「世界三大がっかり」と称される観光地があります。シンガポールの「マーライオン」、デンマーク・コペンハーゲンの「人魚姫の像」、ベルギー・ブリュッセルの「小便小僧の像」です。これらは、あまりに有名なので観光客の期待も高いため、実際に現場を見ると、意外に小さくてがっかりするというわけです。実際に見れば、「おお、遂にやってきたぞ！」という感動もひとしおだと思うのですが。

このように、実際に現地に足を運んでみないとわからないことはたくさんあります。日々伝えられる世界のニュースも同じこと。テレビや新聞、ネットのニュースを見てわかった気になっていても、実際に現地を訪れると、思っていたことと大きく違うことがよくあります。

たとえばアメリカ。ドナルド・トランプ大統領の言動を見ると、「アメリカはどうなっているんだ」と思ってしまう人も多いでしょうが、アメリカ国内では支持者も反対者もいて、それぞれに言い分があります。

あるいはヨーロッパのドイツやフランス。多くの難民が入ってきて、「反難民」の動きが伝えられますが、実際には反「反難民」の動きも活発だそうです。

この本は〝野性の勘〟に導かれて世界のさまざまな現場に足を運んでしまう増田ユリヤさんが、現場で撮影してきた写真を見ながら世界のことを語ろうというものです。国際ニュースを論じる本は多数ありますが、実際に現地に足を運び、そこに生活する人たちの話をじっくり聞いて伝えるというのは、なかなかあるものではありません。

増田さんは、大きなニュースが伝えられると、「本当だろうか」と疑問に思い、そこに行きたくてたまらなくなり、飛んで行ってしまうそうです。本人は「何の計画もなく現場に行く」と言っていますが、そこで出会った人たちの情報から、また新たな取材先が見つかり、情報源が拡大していきます。

この本は、雑誌「プレジデント」に連載したものを基に、その後の動きを追加・再編集しました。連載中は浜根英子、三浦愛美、石井謙一郎の三氏にお世話になりました。書籍化に当たっては渡邉崇、遠藤由次郎の両氏にお世話になりました。

世界は〝ワクワク〟〝ドキドキ〟に満ちています。増田さんの案内で、そんな世界を見に行きましょう。

2019年10月

ジャーナリスト　池上　彰

CONTENTS
もくじ

# 現場レポート 世界のニュースを読む力◎もくじ



## PART 1
## 【白熱対談】2020年激変する世界情勢の見方

## PART 2
## 【白熱教室】世界のリーダーが持つ聞く力、伝える力
### ――アメリカ・メキシコ編

CONTENTS
もくじ

## PART 4
# 【ドキドキ大冒険―世界編】世界を目撃するということ

**CONTENTS**
もくじ

CONTENTS
もくじ

PART

# 1

AKIRA
IKEGAMI

# 【白熱対談】2020年 激変する 世界情勢の見方

JULIA
MASUDA

## 実際に現地で取材をしたからこそ「トランプ優勢」と言うことができた

**池上**　増田さんが世界各地へ取材に行って、撮ってきた写真を基に白熱講義する『プレジデント』誌の連載「ドキドキ大冒険」は、２０１８年10月15日号から始まりました。現地へ足を運ぶことの大切さを、毎回つくづく感じています。

**増田**　日本で気になるニュースを見て現地へ行ってみると、「あれ、報じられたほどでもないな」とか「ちょっと違うのでは」とか感じることがままあります。だからどうしても、実際に行ってみたくなるんです。

**池上**　世界各地に新聞やテレビの特派員が駐在していますが、日本国内では国際的な問題に関心が高くないものだから、ありのままの様子を伝えても、なかなか大きなニュースになりません。そこでひねりを加えたり、つい大げさに伝えたりすることがあるんです。だからこそ現地へ行ってみなければ、本当のことはわからないというわけですね。

**増田**　16年のアメリカ大統領選挙を現地で取材して、私は「トランプ優勢」と言った

んです。民主党候補のヒラリー・クリントンさんにあまりにも人気がないという感触と、エリート層の中でもトランプさんを支持している人がいるとわかったからです。でも日本では、あまり信じてもらえませんでした。

**池上**　「隠れトランプ」という言葉を最初に使ったのは、増田さんでしたね。要するに、ニューヨークのエリートたちは民主党のヒラリー候補を支持していて、トランプ候補は学歴の低い白人の肉体労働者が支持している、と日本では言われていた。ところが増田さんの取材で、口に出すとばかにされるから隠しているけれどもトランプを支持する、高学歴のエ

リートたちの存在が明らかになりました。

**増田**　ニューヨークで、「隠れトランプ」の集会に行ったんですよ。SNSを介して月に1度イタリアンレストランに集まるんですが、みんな名前を明かさなくていいんです。集まって思いのたけを話すだけの会で、ハーバード大学出身の人や「家族はみんな民主党支持だから言えないけれども、実はトランプを応援してるんだ」という人たちがいて驚きました。

**池上**　トランプさんが支持された理由のひとつに、「ウォールストリートの金持ち連中をやっつけるんだ」と言ったことがありました。実際それが、勝利に結びついた面はありますね。

**増田**　ところが当選して大統領になった途端、ウォール街の出身者を政権に入れたんです。

## バーニー・サンダースに見るアメリカ大統領選挙の実態

**池上**　増田さんは、民主党ではヒラリーさんより、バーニー・サンダース候補に注目していましたね。

**増田**　大統領選挙は11月に投票ですが、3月ぐらいから本格的に取材を始めました。バーニー・サンダースという候補がいて、おじいちゃんだけど人気らしいと聞いて最初にニューヨークで取材をしたときには、選挙事務所もなく、支持者たちは個人の自宅に集まって、数人で電話をかけて投票を呼びかけているだけでした。次に5月に取材に行くと、ニューヨーク・ブルックリン地区の工場跡地に大きな事務所ができていて、運動員も大勢いました。あの拡大ぶりには、びっくりしました。

**池上**　アメリカの選挙って躍動感があるというか、あれよあれよと有力候補になっていく勢いはすごいですよね。予備選挙の取材で、私が最初に行ったトランプ候補の政治集会は、海外のメディアを入れないんです。取材させても1票にもならないので、アメリカのメディアしか相手にしないわけ。日本のテレビ局の記者は入り口に立って、「ここは本当に閉鎖的です。我々を入れてくれません」とリポートしていました。

私は、そういうリポートはしません。集会の外でトランプグッズを売っていたので、「トランプを大統領に」という缶バッジを買って胸につけ、同じく「トランプを大統領に」と書かれた旗を買って行ったら、すっと入れてくれました（笑）。入ってみたら白人の男たちばっかりで、逆にすごく目立っちゃいましたけど。

次にヒラリー候補の集会に行くと、多種多様な人たちがいるんだけれども、若い人がいなかった。私より上の世代の、女性の権利を獲得するために昔から頑張ってきたと思われる人たちばかりでした。

そのあとバーニー・サンダース候補の集会に行ったら、20歳前後の若者ばっかり。ロックコンサートみたいに「バーニー、バーニー、バーニー」ってピョンピョン飛び跳ねるので、これはこれでいたたまれなくなりました（笑）。あの勢いを見たら「バーニー、すごいな」とは思いましたけどね。

**増田**　ところが、あれだけ勢いと人気がある候補者を民主党の代表に選ばないようになっている政治の仕組みも、見え隠れしました。民主党としては、やっぱりヒラリーさんを立てたかったんですよね。民意と別の力が働いて代表を選ぶということは、どこの国でも起きがちなのかもしれませんが、もしバーニーさんを立てていたら結果はどうだったでしょうか。

**池上**　バーニー大統領になっていたかもしれませんね。

**増田**　あちこちで自国ファーストの政権が誕生して、世界中が不安定な方向へ行くのではないかと思いがちですけれども、反対する人たちもいます。トランプ候補が演説する会場のそばには必ずアンチ・トランプのグループがいて、大騒ぎして演説の声をかき消したりしていました。カウンターとなる勢力もいるということが、報道だけ見ているとわからないんですよね。

## 国際都市ベルリンで行った パレスチナとイスラエルが融合したレストラン

**池上**　ドイツの取材もそうでしたね。日本では、「ドイツのための選択肢（ＡｆＤ）」という極右政党が大いに勢力を伸ばしていると報じられました。ナチスへの反省から極右には警戒が強いはずのドイツでさえそうなのか、というわけで増田さんが現地へ行ってみたら、反対運動も盛んだった。

**増田**　そうなんです。極右の人たちがデモをしている横で、反対する人たちが必ずデモをしていました。その中には、段ボールで手作りしたプラカードを持った中学生の女の子たちがいたり、家族連れが目立ったりしていたのも印象的でした。

**池上**　記者が日本向けに記事を書くとき、「あのドイツでも極右勢力が伸びた」という書き方をしても、とりあえず間違いにはなりません。アンチの勢力については捨象してしまったほうが大きく扱ってもらえるものだから、どうしても焦点を絞って記事を書く。日本でそれだけを見ていると、「あ、これは大変だ」と受け止めてしまう構造があります。

**増田**　そう感じることは、よくあります。

**池上**　ドイツの取材では、美味しそうな料理の写真もありました。

**増田**　ベルリンで、アラブ人とユダヤ人が一緒に開いたレストランがあると聞いたので、食べに行ってみたんです。地中海料理というのか、アラブとユダヤの料理をうまくミックスしていて、食材にもこだわっているんですよ。看板にしているフムスというヒヨコ豆のペーストやファラフェルという中東版コロッケがすごく美味しかったんです。アラブ人の方は、今も家族がイスラエルのテルアビブでレストランを営んでいるそうです。ユダヤ人の方は、イスラエル出身でお祖母ちゃんに食べさせてもらった料理をベースにしていると言っていました。

**池上**　店の名前はカナンでしたね。

**増田**　はい。聖書に出てくる約束の地カナンが店名です。そのアラブ人とユダヤ人の2人が一緒になって、シリアなどから来た難民を積極的に従業員として雇っていました。民族同士は反目し合っていても、協力してレストランを出し、押し寄せてきた難民たちに働く場を提供し、みんなが来られる場所にしようと活動してるんですよ。

ドイツ人のシェフもいて、「こういうことは、ベルリンだからできるんだよ。ベルリンの壁が崩れて、もう30年。国際都市として発展して、いろいろな国の人が来て、受け入れる土壌ができてるから」と。

「いがみ合ったりしないんですか」とユダヤ人の経営者に聞いたら、「毎日、一生懸命に仕事していれば、そんな暇ないよ」と言われました（笑）。小さな話ですけれど、アラブ人とユダヤ人の共生がこんなふうにドイツで実現していることを、知ってほしいんです。

## 行き先は〝野生の勘〟で決めている

**池上**　世界各地に暮らす普通の人たちの視点で丁寧に取材するのが、増田さんの真骨頂ですね。ずいぶん海外へ行っていますけれども、行き先はどうやって決めてます？

**増田**　こんな言い方をすると怒られるかもしれませんが、〝野生の勘〟で（笑）。あとは、これまで取材してきた中で引っかかっているところに行きたくなります。

**池上**　引っかかるというのは、どういうことですか。

**増田**　たとえば、取材でフランスに行き始めたきっかけのひとつは、読んだ本の中に「パリには、金曜にクスクスを無料で食べさせるカフェがある」と書いてあって、不思議に思ったことなんです。

**池上**　なぜ無料なんですか。

**増田**　移民に多いイスラム教徒にとって、金曜日は礼拝に行く休日です。異国に来て生活も苦しい人たちに、その日の夜は食事を振る舞ってあげようというところから始まったらしいです。

**池上**　フランスにもイスラム社会ができていて、助け合いの場所があるということかな。

**増田**　そのカフェへ行ってみたら、いろいろな人がいました。旧ユーゴから亡命してきた老人とか、カメラマンをしている可愛らしいパリジェンヌとか、ただ単に無料のクスクスを食べさせてもらうために来ている若者とか。フランスってこんなに肌の色も考え方も違う人たちが住んでいる国なんだということを、初めて行ったそのときに知って、すごく衝撃を受けたのがのめり込んだきっかけです。

だからいまだに、ルイ・ヴィトンには行ったことがありません。シャンゼリゼ通りは歩きましたけど、池上さんにお土産として頼まれた地図を買いに行ったぐらい（笑）。

## 移民・難民問題が政治の世界と密接に関わりだした!?

**池上**　そうやってのめり込んでいくうちに、難民の取材が始まったんですね。ドーバー海峡に面しているカレーという町の「ジャングル」と呼ばれる難民キャンプにも行きましたよね。あそこは今、どうなっていますか。

**増田**　すべて撤去されて更地になって、フランス政府が用意した施設に移りたい人はバスで運ばれて行きました。もう少し東のダンケルクには、国境なき医師団のつくった難民キャンプがあったんですが、火事で燃えちゃったんです。難民同士のけんかで暴動が起きて、石油ストーブの火が燃え広がってしまったんですね。けんかの原因は、難民の中の序列です。やっぱり先に来た人の声が大きいなどいろいろな事情があるのに加えて、ストレスが限界に達していたこともあって、暴動になったようです。焼けてしまったあと、また取材に行ったら、どうしてもイギリスへ渡りたい人は、草むらに隠れて野宿したりして潜んでいました。

**池上**　ドーバー海峡は幅が最も狭い場所だから、密航しやすいんですね。

**増田**　フランス語で「パッサー」と呼ぶブローカーにお金を払って、海峡を渡らせてもらう約束をしているんです。1人につき数十万円、家族が多ければ百万円単位のお金を払っているので、あきらめきれずにタイミングを待っているんです。

**池上**　難民というと、みんな弱い立場で一様にかわいそうというイメージがあるけれども、いろいろな人たちがいるってことですね。

**増田**　そうやって移民や難民の問題を取材するうち、15年にEU内の難民大移動がありました。アフガニスタン、イラン、トルコというルートを通って、何万人が大挙してヨーロッパに押し寄せましたよね。そこにフランスの大統領選挙が重なって、移民問題が大きな争点になりました。

**池上**　「国民戦線（現在は国民連合）」のマリーヌ・ル・ペン党首が、「前進！（現在は共和国前進！）」のマクロン候補と接戦を演じました。今から思えば、その後のイギリスのEU離脱やトランプ大統領の「アメリカファースト」のような自国第一主義を、ル・ペン候補は主張していたわけです。あのあたりから、極右勢力がヨーロッパでどんどん広がっていきました。

**増田**　そうですね。移民・難民の問題とアメリカの大統領選挙は、16年に重なってくるんです。

## フランス・パリの黄色いベスト運動で報道されたのは過激な一部の行動ばかりだった

**池上**　増田さんは、すっかりマクロン大統領のファンになったようですが（笑）。

**増田**　マクロンさんの支持者は、バーニー・サンダースさんの支持層と似ていました。若い人たちが既存の政治に「ノー」を突きつけ、マクロン大統領が選ばれる過程を見ていると、本当に民主的なところがよかったんですね。ただしマクロンさんはあまりにエリートすぎて頭もよすぎるので、ものの言い方がよくわかってないみたいなところがあって。

**池上**　ＳＮＳで動画が拡散されましたね。エマニュエル・マクロンだから、愛称はマニュです。中学生の少年が「やあ、マニュ」と話しかけたら「大統領と呼びなさい」と注意して、少年は謝ったのに説教を続けた。「やあ、マニュ、どうしてる？」「いやあ、元気だよ。君は？」みたいに受け流しておけばよかったのに、やっぱりエリートなんですね。

**増田**　マクロンさんの自著を読みましたが、お祖母ちゃんにきちっとしつけられた育ちのよさが、裏目に出たというか。黄色いベスト運動が全国的に広がってしまったのも、そのあたりに一因があると思います。

**池上**　地球温暖化防止のために車の燃料税を引き上げるのは、方向性として間違いではありません。ただしそれをやると、トラック運転手など低所得の労働者が経済的に困ることへの配慮がなかった。その抗議から、黄色いベスト運動は始まったんでしたね。トラック運転手は事故などで車を停めて下車するとき、後続の車に自分の存在を知らせるために黄色いベストを持っていなければならない。黄色いベストは労働者のシンボルなんですね。

**増田**　抗議はあらゆる方向に広がって、政策を立てればすべて否定するという動きになってしまいました。とはいえ、パリで暴動を起こしたのは周辺の地域から集まってきた一部の人たちです。整然と抗議活動をしている良識派のほうが多いのに、報道されるのは放火や略奪の映像ばかりです。黄色いベスト運動は下火にはなりましたが、まだ収束には至っていません。

**池上**　そう考えると、政治というのは難しい。マクロン大統領はエリート然としていて、やっていることの方針は正しくても、庶民の支持がなかなか得られない。

## 英・ジョンソン首相はトランプ大統領にそっくり？

**池上**　一方イギリスのボリス・ジョンソン新首相は、イートン校からオックスフォード大学というエリート中のエリートなのに、そうは見えません（笑）。しかも、オックスフォードは38のカレッジで構成されていますが、ジョンソン首相は一番人気のあるベリオール・カレッジの卒業なんです。皇后雅子さまが外務省職員時代に留学した名門で、イギリスの首相を４人も出しています。

**増田**　髪の毛はぼさぼさで、シャツがズボンから出ていて、この人がイギリスの代表かと思ってしまいますけど。

**池上**　あの外見に加えてざっくばらんな物言いが、イギリスの庶民にとっては魅力なんです。ロンドン市長時代からＥＵ離脱に賛成していましたが、アメリカのオバマ大統領が「留まったほうがいいんじゃないの？」と意見したら、ジョンソン市長は「一部ケニア人の大統領は、先祖から反大英帝国のＤＮＡを受け継いでいる」と言った。首相になってからも議会で、対立をあおる発言を連発しています。

**増田**　非白人の議員に向かって「元いた国に帰ったほうがいい」と言ったトランプ大統領に、よく似ています。ジョンソン首相は新聞記者時代には、とんでもない記事を書いてクビになっていますよね。

**池上**　オックスフォードを出て、「タイムズ」の記者になっているんです。どうもコネで入ったらしいですが、歴史に関する記事で学者のコメントを捏造したんです。学者本人が「こんな取材は受けていない」と言ったのでバレました。

ところがすぐに、「デイリー・テレグラフ」という別の保守系の新聞に採用されているんです。これも、いろいろなコネがあるエリートだからだと言われています。今度は、EUになる前のEC（欧州共同体）担当としてブリュッセルに派遣されて、ECの悪口ばかり書き続けたそうです。他紙の記者たちは、「ジョンソンの記事はいつも面白い。もしも本当なら」と言っていたらしい。

**増田**　フェイクなところも、トランプ大統領そっくりですね。

**池上**　結婚に二度失敗しているのも同じ。最初の奥さんと離婚して、2人目とは離婚調停中。なのに今、ガールフレンドと首相官邸に住んでいます。

**増田**　不思議です。どうしてモテるんでしょう。

**池上**　しかし首相官邸へ引っ越す前に同棲していた部屋で、彼女がジョンソンに向かって「出てけ！」って叫んだら、隣の人がびっくりして警察を呼んだ。それで、大ゲンカが公けになったという（笑）。

**増田**　世界では今、とんでもない人たちがリーダーをしているということですね。

## 独・メルケル首相のように高い理想を掲げたほうが未来がある!?

**池上** まともなのは、フランスとドイツぐらいですか。

**増田** メルケル首相は素敵な人でした。

**池上** 間近で見たんですよね。

**増田** 選挙の取材に行ったとき、お住まいの近くの投票所がフンボルト大学だったので、見に行ったんです。ご主人と一緒に来たんですけど、取材のカメラがいっぱいいいますから、投票用紙を入れるところを撮らせていました。テレビで見るより数十倍、知的で品のある女性でした。

**池上** オーラがあった?

**増田** すごいですよ。長期政権になるのもうなずけました。愛嬌のある表情も見せますし、正しいことを一生懸命やろうとする姿勢があります。ああいう政治家が否定されるようになると、ドイツも難しくなってくるんじゃないかと思います。

**池上** 21年までの任期を全うできるか、健康問題も不安視されていますね。世界を見てきた増田さんは、指導者とは本来どうあるべきだと思いますか。

**増田**　世の中が一部のエリートの人たちにあまりにも動かされてきたので、今はその反動が来ているんだろうなというのはわかります。でも私としては、メルケルさんのように理想を語ってくれる人がいいと思いますね。高い理想を持たないとなし崩しに現実的になってしまうし、理想を掲げたほうが未来があるような気もしますから。

**池上**　政治家が理想を語らなくなったら、おしまいです。さらに言えば、高い理想を庶民に伝わる言葉で語ってほしい。ヒラリーさんが大統領選に負けたとき、支持していた人たちが「そういえばヒラリーの話って、難しい言葉がいっぱい入っていてよくわからなかった。少なくともトランプのしゃべっていることは、みんな理解できた」と言っていました。エリートだから、つい難しい言葉を使ってしまう。

**増田**　トランプ大統領が何か理想を語ったかといえば、「メーク・アメリカ・グレート・アゲイン」しか言ってませんでしたけどね。

## 長期政権のリーダーなら、もっとあか抜けてほしい

**池上**　日本のリーダーについては、どうですか。

**増田**　長期政権のリーダーなら、成長してほしいと思うんです。安倍さんの議会答弁などを見ていると、端々に相手を小ばかにするような態度を感じることがあります。この国を背負っている自負があれば、もっとあか抜けてほしいですよね。すべてを受け入れて、でも自分はこういう理想を持っているんだから私たちに任せてくださいという姿勢を、もっと格好よく見せてくれればいいんですけれども。

**池上**　すぐムキになるからね（笑）。

**増田**　そうなんですよね。あと、自分の弱いところを見せたくないがために、池上さんのテレビ番組でちゃんとインタビューに答えないとか。長期政権を担っているのに大人げない態度をとるところが、情けないと思うんです。

**池上**　長期政権のリーダーの最大の仕事は後継者を育てることなのに、全く育てていませんしね。

**増田**　自分がずっとリーダーでいたいからですか。

**池上**　そうそう。

**増田**　優秀で魅力のある人が対抗軸として出てこないと、国や世界の在り方はなかなか変わりませんね。

**池上**　このところ世界は、トランプ大統領によって振り回されっ放しです。中国に対して貿易戦争をしかけたことも、大きな問題。びっくりしたのは、中国から輸入する物に高い関税をかけることについて、トランプ大統領が「あの関税を払うのは中国だから、アメリカにとって利益がある」と言ってのけたことです。関税というのは、輸入する業者が自分の国に払うわけで、中国の製品に高い関税をかけたら、税金を払うのはアメリカの業者でしょう。トランプ大統領はどうも、その仕組みを知らなかったらしい。

最初に聞いたとき耳を疑ったんだけど、その後また同じことを言ってるんです。本当なら側近が「大統領、違います」と注意しなければいけないのに、うっかりそんなことを言えば「ユー・アー・ファイヤード！」だから、怖くて誰も言えないんじゃないか。

**増田**　トランプさんの次期大統領選挙に向けた標語は、「キープ・アメリカ・グレート」ですよね。

**池上**　そうです。自分がアメリカを「グレート」にしたから、それを維持しようというわけです。

**増田**　その標語を書いた選挙運動用の旗があるんですが、作っているのは中国なんです。だから、早く作らせて早く輸入しなければ、関税が上がってしまう（笑）。

**池上**　前回の選挙でも、トランプ集会でみんなが被っていた「メーク・アメリカ・グレート・アゲイン」という赤い帽子は、だいたいメード・イン・チャイナでした。トランプの娘イヴァンカさんのブランドの服も、みんなメード・イン・チャイナ。

**増田**　自国で使われている品物を中国で作っていることに、トランプさん本人は気がついてないんでしょう。

**池上**　中国は報復として、アメリカの大豆やトウモロコシを輸入しないと決めましたね。あれは、アメリカの農業にとって痛手になります。中国人は大豆が大好きだから、アメリカの農家は中国向けに大豆の作付けを増やしていました。そうしたら突然の報復です。中国は、トランプの支持層に打撃を与えるやり方をよく知ってるんです。

## トランプ政権にとって日本はもはや小切手帳？

**増田**　でもそのトウモロコシ、日本が買うんでしょう？

**池上**　19年8月にフランスで行われた日米首脳会談後の共同会見で、トランプ大統領がいきなり「中国が買うと言ったのに買わないトウモロコシを、日本がすべて購入する」と発言したんです。飼料として買うそうです。

**増田**　菅官房長官が「日本のトウモロコシは、害虫被害で不作になった」と説明していました。

**池上**　ところが農水省は、「大した被害ではありません」と本当のことを言った。つまり、日本には飼料が十分あるのに買うんです。

**増田**　誰のお金でですか。

**池上**　民間の商社です。トランプ大統領に「日本の会社は、政府の言うことをよく聞くんだな」と感心されてしまいました。

中国は、アメリカの代わりにブラジルから大豆を買うことにしました。そこでブラジルは、中国向けの大豆の作付けを急いで増やそうと、熱帯雨林の焼き畑農業を進めています。ボルソナーロ大統領は「ブラジルのトランプ」と呼ばれるくらい独善的で、国際的な批判など気にしません。国連総会の演説でアマゾンの主権はブラジルにあると強調して、「アマゾンが人類の財産だというのは詭弁だ」と、地球環境への影響を否定しました。米中の貿易戦争が、アマゾンの熱帯雨林の自然破壊につながっていく。一方で、関係ない日本が多額の金を出す。

**増田**　日本は、お金を出すだけの係ですか。

**池上**　もはや小切手帳です。F－35Bも買うし、イージス・アショアも買うし。

## 迎撃機能を持つイージス・アショアはなぜ秋田と山口に配備されるのか

**池上**　ところでイージス・アショアは、なぜ秋田県と山口県に配備されるのか。北朝鮮が日本に向けてミサイルを撃つなら、真っ先に狙われるのは東京か、以前から狙うと公言している横田や横須賀の在日米軍基地です。東京方面に飛んでくるミサイルを秋田や山口から迎撃すると、斜めから撃つことになってとても難しい。そもそもミサイルの迎撃は難しくて、真正面からでないと撃ち落とすのが困難です。首都である東京や周辺のアメリカ軍基地を守るためなら、秋田や山口に配備するのはおかしいんです。

ところが秋田から見ると、北朝鮮のミサイルは真正面から飛んで来て、上空を通過するとハワイへ向かいます。山口に向かってくるミサイルは、グアムに向かいます。つまり、ハワイの米軍基地を狙うミサイルを撃ち落とすために秋田、グアムを狙うミサイルを撃ち落とすため山口に配備されるんです。

**増田**　何兆円もかけるのに、日本を守るためではないんですね。

**池上**　そうなんです。それが露骨にわかってしまう。

**増田**　在日米軍関連で言うと、トランプ大統領の最大の公約であるメキシコ国境の壁をつくる費用を、日本の基地の維持費からも捻出することが決まりましたね。嘉手納や岩国、横田基地の予算から、約430億円を壁の建設に転用するというんです。

**池上**　壁の建設費用は民主党の反対で、議会でわずかしか予算が取れませんでした。そこでトランプ大統領は「メキシコ国境との壁はアメリカの安全保障にとって重大な問題だから、国防予算から転用する」と言いだして、国家非常事態を宣言しました。

民主党や人権団体が「それは憲法違反だ」と提訴しましたが、現在の最高裁はトランプ寄りだから「大統領は間違っていない」と判断したんです。トランプ大統領は「大勝利だ！」とツイートして、国防総省の予算から36億ドル（約3800億円）を転用すると決めました。在日米軍の施設費の流用は、その一部です。

**増田**　いくら何でも、メキシコの壁の費用を在日米軍から引っ張るとは。

**池上**　「在日米軍の施設を維持するお金がなくなった。頼むね、シンゾー」という話になるでしょう。

## 日本のカジノ誘致はどこに向かうのか

**増田**　このままの流れでいいのか、と思わされる出来事が多いです。私が住んでいる横浜市が、カジノ誘致に踏み切ったことも。

**池上**　ＩＲ（カジノを含む統合型リゾート施設）にも、トランプ大統領が関係しています。ラスベガスやシンガポールでサンズというカジノを経営するシェルドン・アデルソンは、トランプ大統領の最大の支援者です。大統領の就任式に５００万ドル（約

5億4500万円）寄付したことが、ニュースになりました。

18年6月、トランプ大統領が金正恩委員長との初めての会談に選んだ場所は、シンガポールのマリーナベイ・サンズでした。アデルソンに恩を売るためです。びっくりしたのは、シンガポール政府が警備費用などを世界中から集まったメディアに負担させようとしたこと。マリーナベイ・サンズをバックにした、ここぞというポイントからリポートするのに、場所代を請求したんですよ。

**増田**　だからみんな、そこからは放送しなかったと聞きました。

**池上**　そう。すごい高額だったので、テレビ東京はそんなお金は払えないと、横のビルの屋上からやったそうです。

**増田**　テレビ朝日も、別の場所を探したと言っていました。

**池上**　IRについて横浜の林文子市長の説明で笑ってしまったのは、「カジノができると、ギャンブル依存症が増えるのでは」と聞かれて、「医学部のある横浜市立大学に、医療面を中心に大きな役割を果たしてもらう」と答えたこと。ギャンブル依存症になっても、どうかご安心を、というわけ（笑）。

**増田**　説明になってませんね。

池上　アデルソンがサンズのカジノを日本につくれば、たくさんお金が入って、それがトランプ大統領への政治献金に回る、という仕組み。

増田　ひどい話です。

## 悪化する日韓関係。〝振り上げた拳〟のゆくえは？

池上　19年に、日韓関係が最悪になりましたよね。朴槿恵・前大統領のときにも慰安婦問題を巡って対立がありましたけど、オバマ大統領が、日韓の関係が悪くなると日米韓の安全保障上問題だと考えて、仲介の労をとってくれたんです。すると日本も韓国も、アメリカの大統領に頼まれたからというメンツが立つ。韓国が慰安婦のための癒やし財団をつくって、日本がそこに10億円を出す形で話がついたわけです。

今回はこんな状態になってお互いに拳を振り上げて、どちらも引くに引けないでしょう。こんなときこそアメリカの大統領が出てきて、「俺の顔を立ててくれ」とか「日米韓は仲よくしなきゃダメなんだ」とか口を挟めば、お互いに引っ込みがつくわけです。ところがトランプ大統領には、そんなことをやる気は全くありません。日本と韓国からどれだけ金を取るかしか考えていませんから。日韓関係が深刻な状態から抜け出せない理由のひとつは、トランプ大統領が全く関心を示さないこともあります。

**増田**　日本と韓国の関係をよくしても、大統領選挙には何のプラスにもなりませんからね。

**池上**　安倍首相は「外交の安倍」と自慢して、たくさんの国へ華々しく行っていますよね。たとえば、トランプ大統領の当選が決まった途端に駆けつけて、抱きつき戦略ですっかりご機嫌をとって、たちまち仲よくなりました。しかしその結果、アメリカから実にたくさんのものを買うことになりました。武器を大量に購入し、今度はトウモロコシまで。

北朝鮮がミサイルを発射すると、最初は一緒になって批判していました。ところがトランプ大統領が「金正恩委員長とは友達だ。短距離ミサイルは問題にしない」と言ってから、安倍総理はミサイルを撃たれても「厳重に抗議し、強く非難する」としか言えなくなっちゃった。ロシアのプーチン大統領とも仲よくなって、北方領土問題を進めようとしました。その結果、ロシアがクリミア半島を併合したとき、プーチン大統領の機嫌を損なわないように、あまり強く抗議ができませんでした。中国とも関係をよくしようとして、南シナ海での振る舞いに文句を言わなくなりました。

ふと気がつくと、北朝鮮にもロシアにも中国にも、あるいはアメリカに対しても、強い批判をしなくなっています。では何かよくなったのかといえば、何も変わっていません。北朝鮮はどんどんミサイルを撃つ。北方領土問題は進んでいない。アメリカからはいろいろ買わされる。安倍さんは外交をいろいろやっているように見えたけれども、結局、成果はあったんだっけ？と考えてしまいます。

**増田**　外交って、対等な立場をどううまくつくっていくかが戦略として外せないのに、弱みを握られるというか、相手に合わせるしかない立場になったのかなという気がしてなりません。日本人的な気質なのか、立場をいろいろ考えてのことなのか、わかりませんけれども。

**池上**　日韓関係が悪くなった今は、韓国を叩いておけば内閣支持率は上がるわけです。あちらでは文在寅大統領も、経済がうまくいっていない中で反日を打ち出すと支持率が上がる。つまり安倍総理と文大統領は、ウィン・ウィンの関係なんです。国と国の関係が悪くなればなるほど双方のリーダーの支持率が上がるなんて、決してあってはならないことです。

## 東西ドイツの統一に見る、朝鮮半島の未来

**増田**　ドイツへ取材に行くと、朝鮮半島の統一がよく話題になります。ドイツの人たちに言われるのは、「私たちがどれだけ大変だったか。統一というのは、いろいろな問題が出てくるんですよ」ということです。特に経済的な面ですね。

**池上**　１９９０年に東西ドイツがひとつになったとき、韓国で「次は我々だ。北朝鮮と一緒になるんだ」という熱がすごく高まったんです。ところが統一後のドイツは「欧州の病人」と言われるくらい、経済がどん底に落ち込んでしまった。あれを見て、韓国の人たちの統一ブームは消えたんです。

つまり、当時の西ドイツは世界トップレベルの先進国で、東ドイツは社会主義トップレベルの先進国でした。そんな両国が一緒になったのに、あまりにも経済格差があって、東ドイツに引きずられた西ドイツまで沈没していったんです。統一ドイツが復活するまで、10年かかりました。現在の韓国は、先進国の仲間入りはしたけれども、経済力は弱い。北朝鮮は、社会主義の中で最貧国です。この両国が一緒になれば、沈

没することはもう間違いないわけです。

**増田**　経済がうまくいかないと、政治にも悪影響が出ます。ドイツでも、右寄りの勢力が出てきたのは、経済的に遅れている旧東ドイツの地域で支持を得たからです。統一されて30年たったのにそんな状況なのですから、朝鮮半島はもっと難しいかもしれませんね。

**池上**　文在寅大統領は「2045年に統一だ。南北が統一することで、日本と対抗できる」と言いましたが、単なる夢です。北朝鮮には、経済インフラが何もないんですから。

文大統領という人は、経済のことがわからない、夢見るリーダーです。大統領選挙のとき、最低賃金を大幅に引き上げると公約して当選しました。一般論で言えば、最低賃金を引き上げれば経済の底上げになります。しかし極端に上げたら、こんなに賃金が高くなったら人数を雇えないと考える事業主たちが、採用を絞ります。結果的に、若年層の実質的な失業率は25％近くまで跳ね上がってしまいました。最低賃金は30％上がって時給8350ウォン（約740円）になりましたが、22年までの任期中に1万ウォンまで上げる公約は撤回せざるをえず、文大統領は国民に陳謝しました。

**増田**　数々の疑惑を抱える曹国さんを法務大臣にしたことでも、批判を浴びました。

**池上**　腹心の部下である彼を、次期大統領にしたかったんでしょう。次が保守系の大統領になったら、自分の身が危ないですからね。師匠筋に当たる盧武鉉元大統領は、李明博大統領によって追及されて、飛び降り自殺してしまいました。あのとき文大統領は、「李明博は絶対許せない。何としてもやっつけなければいけない」と決意したと言われています。だから案の定、李明博元大統領も収賄容疑で逮捕されて、有罪判決が下りました。

**増田**　結局、曹国さんは辞任しましたが、就任直後に、検察から家宅捜索を受けました。検察を監督する立場の法相の自宅を捜索するのですから、すごいですね。

**池上**　彼の娘の推薦入学に疑惑があるといって高麗大学まで捜索を受けるのですから、もはや何でもありです。

## 香港の民主化運動と台湾の総統選挙

**増田**　あと気になるのは、香港の民主化運動です。19年10月1日の中国の国慶節に合わせた大規模なデモでは、警察が高校生に発砲して重傷を負わせました。一国二制度といっても中国とはあまりに違うので、反発を無理やり押し込めようとするとあのようなことになってしまうのでしょうね。

**池上**　1997年に香港がイギリスから返還された際、中国の人民代表大会が「香港特別行政区基本法」という法律を作って、50年間は一国二制度でいくと決めたわけです。50年後ってずっと先だと思っていたら、もう22年たった。28年後には、香港は中国共産党の手の中へ転がり落ちてしまう。香港の若者たちは、このままだと未来がないという焦りから民主化運動に走るんです。

2020年1月には、台湾の総統選挙があります。国民党が有利だと言われていたのに、香港の状況を見て、中国と距離を置こうとする民進党の蔡英文・現総統の支持率が急激に上がっています。そもそも、中国が香港とマカオに一国二制度を導入したのは、台湾との統一を見据えてのことです。「一国二制度で、台湾は今のままでいいですよ」という働きかけだったのに、「ほうら見ろ、こんな有り様じゃないか」というわけです。しかも国民党の韓国瑜候補が、香港について聞かれて「よく知らない」と言った。「香港の若者を支持する」と言えば中国を怒らせるためだと思いますが、それで国民党への支持はさーっと引いてしまいました。

## 2020年11月のアメリカ大統領選挙を占う

**増田** 20年11月には、アメリカ大統領選挙もあります。

**池上** トランプ再選なるかが最大の関心事ですけれども、いかがですか。

**増田** このままでいくとトランプ大統領の再選、という見立てが大半です。私も、19年9月にアイオワ州で開かれた民主党の候補者たちの集会から、取材を始めています。

**池上** 民主党の候補ではジョー・バイデンが最初は一番手でした。

**増田** はい。しかし、その後エリザベス・ウォーレンという女性が伸びてきました。マサチューセッツ州選出の上院議員で、以前は大学の法学部の先生です。ウォーレンさんには注目しておいたほうがいい、と聞いています。

**池上** アメリカのテレビ局は、民主党の候補者を集めて討論会を開きます。世論調査の支持率が高い順に上から10人が呼ばれて、11人目から下は2軍扱いで別の会場です。何としても10人に入り込めばその後の可能性が出てきますが、シビアですね。

**増田**　民主党は、個人献金の人数など、討論会に参加できる条件を厳しくしているので、この先はどんどん絞られていきます。

**池上**　私は個人的に、ベト・オルークに注目しているんです。本名はロバート・オルークでアメリカ生まれの白人なんですが、テキサス出身だからヒスパニックを意識するために名前をロベルトとスペイン語読みして、愛称ベト。まだ40代後半で、オバマ前大統領の若い頃のように弁舌さわやかだというので、〝オバマ2・0〟と呼ばれて注目されています。

**増田**　ベト・オルークさんは18年の中間選挙でテキサス州の上院議員に立候補して、共和党現職のテッド・クルーズに僅差で敗れましたね。

このとき、ニューヨークにも取材に行ったんです。それまで選挙にあまり関心のなかった一般の主婦たちが、「やっぱり共和党には任せられない。トランプはどうしても嫌だ」と言って、隣の州まで選挙活動に出かけていきました。今の政治に対する危機感を、強く感じました。

**池上**　さっき増田さんが、現時点ではトランプ再選の可能性が高いという話をされました。日本の感覚だと、支持率は40％ぐらいしかないし、あんなメチャクチャをやってるから次はダメなんじゃないかと思います。けれどアメリカの大統領選挙は、「州ごとに選んだ選挙人の人数が、過半数を占めれば大統領に当選する」という制度です。「ウィナー・テイク・オール」と言います。

ニューヨークなどの都市部では「トランプは嫌だ」となるけれども、中西部などの州で勝てば、選挙人を総取りできます。そうなると、支持率は関係ないんですね。州ごとに見てわずかな差でも、勝つ州が多ければ当選してしまう。

**増田**　中間選挙のときにベト・オルークさんを支援していた方や、前回トランプさんを支持していた方は今どうしているのか、引っかかっています。その人たちへのインタビューも含め、〝野生の勘〟を頼りに（笑）、これからも現地へ足を運んで取材を続けたいと考えています。

**池上**　結局、「世界なんでも見てみよう」ですね。日本に留まっていないで、あるいはネットでどんな情報でも得られると思っていないで、「現地へ行ってこそ、新しい発見があるんだよ。もっともっと、世界に目を向けましょう」ということ。

**増田**　それに、人と人とのつながりって、実際に会って何ぼだと思うところが大きいです。人を理解すれば、その国を理解する助けになります。

**池上**　この本が、日本の若い人たちが「海外へ出てみなくちゃ」と思ってくれるきっかけになればいいな、と願っています。

※本パートの内容については、対談当時（２０１９年10月）のもの

PART 2

AKIRA IKEGAMI

# 【白熱教室】世界のリーダーが持つ聞く力、伝える力

JULIA MASUDA

▼メキシコのノガレスから見た国境にそびえ立つフェンス

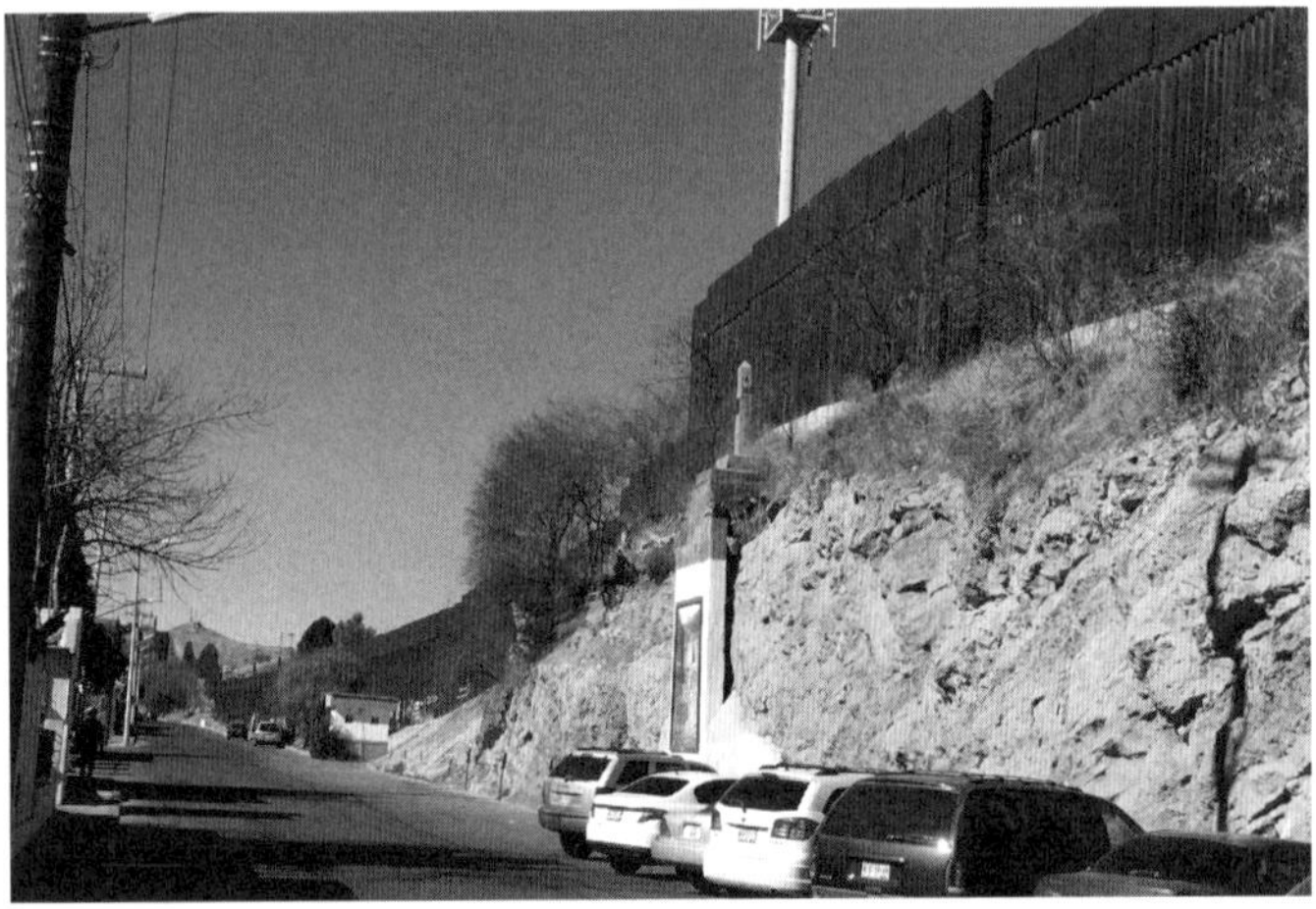

——アメリカ・メキシコ編

# 「メキシコに壁」国境政策に見るトランプの交渉術

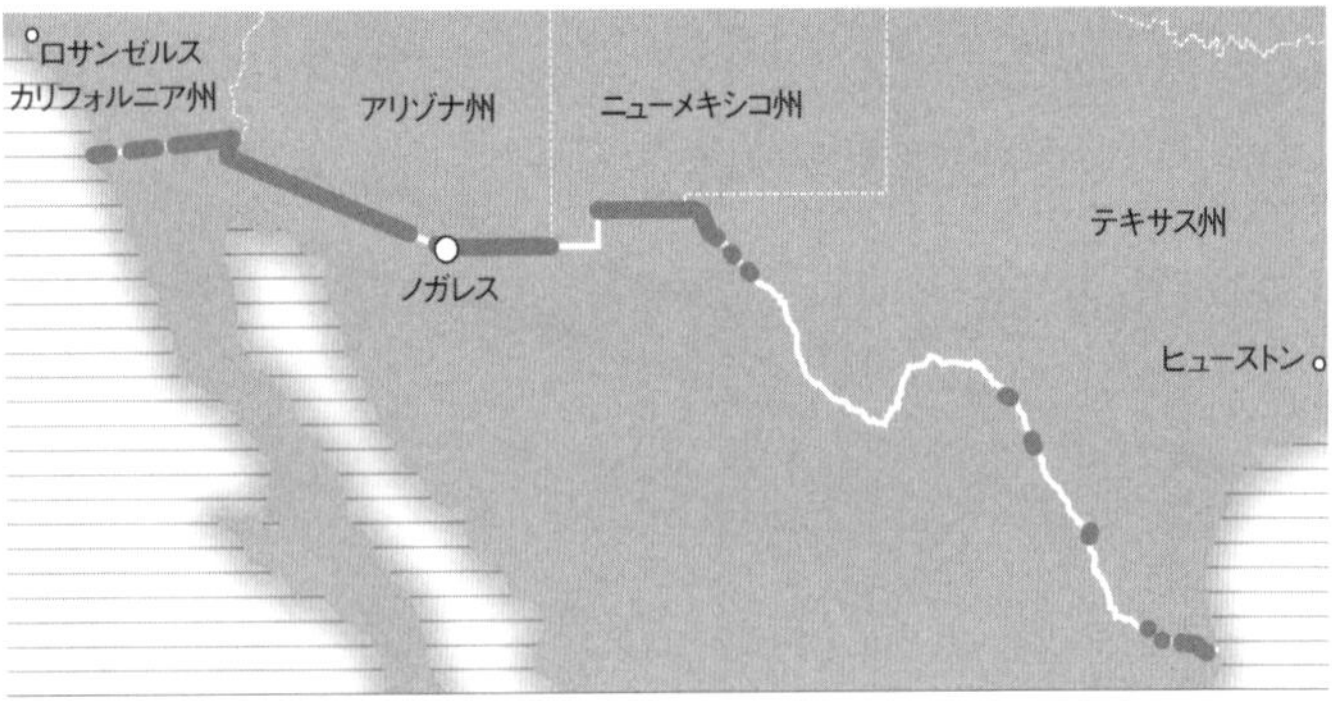


▲太線がフェンス（壁）のある部分。※米国安全保障省のデータより作成

## 「分断された街」ノガレスで起きていたこと

**増田**　２０１９年1月、アメリカに行ってきたんですよ。
**池上**　メキシコとの国境を訪ねたらしいですね。
**増田**　そうなんです。アリゾナ州のノガレスという街から、メキシコのノガレスという街に入りました。最初はなぜ同じ名前の街が両国に存在しているのか不思議だったのですが、その後、謎が解けました。
　本来、この地にはノガレスというひとつの街があったのに、19世紀半ばのアメリカとメキシコの戦争の結果、２つに分断されてしまったんです。しかしその後も、両国の住民はわりと自由に往来できていたそうです。
　雲行きが怪しくなり始めたのは、１９９０年代後半のクリントン政権以降。不法入国の取り締まりが次第に強化され、２００１年のいわゆる9・11をきっかけに、さらに厳しくなっていきました。そして、トランプ氏が米国大統領に就任したわけです。
国境沿いの柵にはその上からさらに網がかけられ、さらに最終的に高さ9メートルの壁をつくろうとしています。ただもともと住んでいた故郷の親戚の家を訪ねたいだけという人もいるのに、思うように行き来ができなくなり、住民たちも戸惑っていました。

しかもトランプ大統領は壁の建設費用をメキシコ政府に全額支払うよう要求。もちろんメキシコは支払う気はありませんし、支払う能力もない。アメリカ議会もその予算を承認していませんので、計画は進まず。（※編集部注：結局、国防予算から転用することになった。43、44ページを参照）

**池上**　トランプ大統領はその事態に業を煮やし、18年4月に不法移民の入国を阻止するために軍隊を出動させると発表しました。もっとも連邦軍を派遣することは法的に難しいため、各州に所属する州兵を派遣することになるようですが。

**増田**　州兵、つまりメキシコと国境を接しているテキサス州、ニューメキシコ州、アリゾナ州、カリフォルニア州の兵隊ですか。

**池上**　そうです。州兵なら州知事の判断で国境警備に配置することができますから。ただ、カリフォルニア州は民主党の力が強いため、従わないようですが。

**増田**　実は12年にも、ノガレスに住む16歳の少年が、アメリカの国境警備隊に射殺されるという事件が起こっているんですよ。一般の少年を国境警備隊が麻薬密売人と間違って撃ってしまい、裁判になりました。本来、国境警備隊は、越境者を尋問することはできても、その場で射殺する権限など持っていないはずなので、この事件は現地の人々に衝撃を与えました。でも、今後派遣される州兵には、発砲権限があるということですよね。

**池上** そうです。国境警備隊も銃は携帯していますが、これまでの流れでは、不法入国は極力阻止するけれども、いったん入国してしまったら、国境警備隊員は収容施設まで連れていく義務がありました。実際にその人物を取り調べ、国外退去等を命じる役割は移民局の管轄です。

ところが、トランプ大統領はこれまでとは異なる次元で、不法入国者を徹底的に排除しようとしているわけです。

## 「壁の費用を負担させるより、国境警備費などの支援を出すほうが現実的」

**増田** 今回、メキシコ側のシェルター（不法移民のための避難施設）も取材したんですよ。そこでホンジュラスからやってきた家族とも話をしました。彼らは3歳と生後10日の赤ちゃんを抱えて、1カ月間歩いてメキシコまでやってきました。でも、シェルターにたどり着いたところで、赤ちゃんは力尽きて亡くなってしまった。メキシコ側は、そういった人々の葬儀や、今後の彼らの生活も考えなくてはならないわけで、シェルターの責任者は、自国が貧しいのに、さらに他国の移民の面倒まで見なくてはならない大変さも理解してほしいと語っていましたね。

**池上**　難しいですよね。ことはメキシコとの2カ国だけの話ではありませんから。その先の中南米の国々からも移民は押し寄せているわけで。だからアメリカは、本気で移民問題を何とかしたいのであれば、メキシコとの間に壁をつくる前に、別の方法を考えるべきなんですよ。壁の費用を負担させるのではなく、むしろメキシコ政府に国境警備費などの支援を出すほうが、まだ現実的ではないかと思うんですよね。

**増田**　移民問題に関しては、17年9月に、トランプ大統領はＤＡＣＡ（ダカ）の打ち切りも発表しましたね。Deferred Action for Childhood Arrivalsの略で、日本では「若年移民に対する国外強制退去の延期措置」などと訳されています。12年にオバマ大統

## ドナルド・トランプ　年表

| | |
|---|---|
| 1946 | アメリカ合衆国ニューヨーク市生まれ |
| 1964 | ニューヨーク・ミリタリー・アカデミーを卒業。<br>フォーダム大学へ入学 |
| 1966 | ペンシルベニア大学ウォートン校入学 |
| 1968 | ペンシルベニア大学卒業。父親の会社「エリザベス・トランプ＆サン」(のちの「トランプ・オーガナイゼーション」) に入社 |
| 1971 | マンハッタンに拠点を移し、父親の会社を継ぐ |
| 2004 | アメリカのリアリティー番組「アプレンティス」に出演。ホスト役を長年にわたり務め、人気者となる。「おまえはクビだ！！」の台詞は流行語に |
| 2015 | アメリカ大統領選への出馬を表明 |
| 2016 | 共和党の指名候補に選出 |
| 2017 | 1/20正式にアメリカ大統領に就任<br>1/25メキシコとの国境に壁を建設する作業を開始する大統領令に署名<br>9/5 親とともに不法入国した若年移民の強制送還を猶予する措置(DACA)の打ち切りを発表<br>9/19 国連総会で演説、北朝鮮に警告<br>12/6 エルサレムをイスラエルの首都と認定すると宣言<br>12/20 法人税を35%から21%に引き下げ |
| 2018 | 1/26 親とともに不法入国した若年移民約180万人に市民権を付与する新移民法案を公表。一方で、合法的に移民する条件の厳格化と不法移民の取り締まり強化、メキシコ国境の壁建設の予算を要求<br>3/1 鉄鋼とアルミニウムの関税による輸入制限措置を発動すると発表。税率は鉄鋼25%、アルミニウム10%<br>4/17・18 訪米した安倍首相と会談とゴルフ。トランプ大統領が対日貿易赤字問題を取り上げ、二国間貿易交渉を要求<br>5/8 2015年のイランと米英中仏独ロ6カ国間の核合意から離脱し対イラン制裁を再開すると発表<br>5/14 エルサレムで米大使館の移転・開館式開催<br>6/12 史上初となる米朝首脳会談をシンガポールで実施<br>7/6 中国に対し輸入品818品目の追加関税措置を発表<br>11/6 4年に一度の中間選挙で上院では与党である共和党が勝利するも、下院では野党である民主党が勝利した |
| 2019 | 2/27・28 二度目となる米朝首脳会談をベトナムで実施<br>6/28 G20大阪サミットで来日。安倍首相と首脳会談を行った<br>6/29 米中首脳会談を大阪で実施<br>9/1 中国からの輸入品ほぼすべてに関税を広げる第4弾の制裁を発動 |

領が導入した若年移民に対する制度です。

**池上**　「不法移民」といっても、その中には幼少期に親に連れてこられ、自分の意思でなったわけではない〝不法移民〟も大勢含まれています。彼らは物心ついてからずっとアメリカで生きてきたわけで、その彼らを十把一絡《じっぱひとから》げに捕まえて、即刻強制国外退去を迫っていいのかという問題があります。そのため若年層に向けては国外退去を2年間延期させ（更新制）、アメリカ国内で就労できるよう特別に許可を与える措置がオバマ政権時に成立しました。

**増田**　制度を利用するには、一応条件があるんですよね。16歳の誕生日以前にアメリカに入国していること、07年6月15日から継続してアメリカに住み続けていること、学校に入学していたり高校をきちんと卒業したりしていること、あるいは軍隊や沿岸警備隊から名誉除隊していること。また重大な犯罪歴がなく、国家の治安を脅かす危険性がないことなどです。

**池上**　しかしその特別措置も、トランプ大統領は無効にすると公約に掲げました。実際にそれを実現しようともしています。

**増田**　現在、アメリカの不法移民約1000万人のうち、およそ80万人がDACAの対象となる若年移民だと言われています。彼らの多くはアメリカで学校教育を受け、社会人になって働き、税金も納めています。「ドリーマー」とも呼ばれる彼らを猶予なしに国外退去させるという強硬手段は、人道問題以外にも移民大国として発展してきたアメリカの根幹にも関わる問題です。

その証拠に、トランプ大統領の発表を受けて、特に米IT企業を中心に即座に抗議の声が上がりましたよね。Facebook、Apple、Google、Microsoft、Uberなどアメリカを代表する大手企業をはじめ全米400社を超える会社が反対に回りました。

**池上** 彼らの顧客、従業員の中にも「ドリーマー」はいます。彼らがいなくなることでアメリカのGDPも打撃を受けるはずです。さらには将来的な人材確保にも影響を与えるでしょう。「あの国に行けば仕事がある、才能を発揮できる」と、これまで世界中からアメリカを目指してきた若者を、遠ざけてしまうわけですから。

**増田** その結果、トランプ大統領はある取引を提案しましたね。DACA撤廃の代替案を議会が6カ月以内に出すこと、議会がメキシコとの壁建設費用を認めること、移民対策を強化することなどです。

**池上** しかし、その猶予期間も18年3月で終了しました。大統領は「DACAは死んだ。民主党が行動しなかったからだ」と非難しています。

一方で、サンフランシスコとニューヨーク、そして首都ワシントンの連邦裁判所は、「トランプ大統領のDACA差し止め」を差し止めるという結論を出しました。つまり現段階では、とりあえず若者たちはアメリカに滞在できているわけです。

**増田**　できていますが、不安ですよね。いつどうなるかわからないので。実はアメリカではそんな「ドリーマー」の一人とも知り合ったんです。彼女は2歳のときに親に連れられてギニアからアメリカに移り住みました。親からは、「ここは自由の国。思ったことは自由に発言していいんだよ」と教え込まれ、実際にアメリカ人だと思ってこれまで生きてきたと。

ところが16歳になったある日、いきなりFBIに身柄を拘束され、理由もわからず6週間、少年院に拘束されたそうなんです。知らない人や場所の名前を次々と示され、「知っているだろう」「おまえは自爆テロを計画していただろう」と尋問を受け、その揚げ句にふたつの選択肢を迫られたそうです。最長8年間、少年院にいて裁判で徹底的に戦うか、少年院からは出られるが、足首にGPSをつけて3年間監視されるか。彼女は後者を選びました。

**池上**　実にひどい話ですね。

## 支持率を上げたトランプの一手とは？

**増田**　トランプ大統領はアメリカのためを考えているわけではないですよね。

**池上**　トランプ大統領は国益を考えているわけじゃなく、考えているのは、トランプ益（笑）。アメリカファーストではなく、トランプファーストなんです。18年秋に、大統領選挙の中間の年に行われる中間選挙がありますが、トランプ大統領はこれに勝利することだけを考えている。（※編集部注：上院は共和党が勝利し、下院は民主党が勝利した）

たとえば、移民問題に関しても、彼は先の大統領選で、「不法移民が南部の白人の肉体労働者の仕事を奪っている。だから壁をつくりアメリカ人の仕事を守る」と公約したから、今それを忠実に実現しようとしているだけなんです。実際にそれが実現するとアメリカ経済がどうなるかなんてことは二の次で、「トランプ大統領は公約を守った」という実績ができればそれでいい。だって本当は、トランプ支持者が多い南部の農場経営者だって農園で働く不法移民がいなくなったら大打撃を受けるはずなんですよ。
実は16年の大統領選挙中、アメリカ南部の共和党委員会に行ったんです。そうしたら壁にずらりと共和党の議員たちのポスターが貼られているのに、トランプ大統領候補のポスターが一枚もないの。そこであえて聞いてみたんですよ。「トランプ氏は不法移民を入れないといっていますが、実現したら農業経営者は困るんじゃないですか」と。そうしたらみんな明らかに困惑して答えない（笑）。共和党の候補者に決まったから仕方なく応援するけれど、本当にその公約を実現されたら困るというのが本音なんです。

**増田** それでも最近また支持率が上がりましたよね。17年のトランプ支持率は下降線をたどり30％台になっていましたが、今は40％台に上昇しています。

**池上** 関税を上げましたからね。

**増田** なるほど。そうですね。

**池上** 海外製の鉄鋼に25％、アルミニウムに10％の輸入関税を課すと発表したとたん、支持率が上がりました。でもこれも一見、アメリカの貿易赤字を改善し、国内の鉄鋼産業を保護するための策のように思えますが、実際のところはアメリカの益にはなら

**トランプ大統領の支持率**（Trump Job Approval）

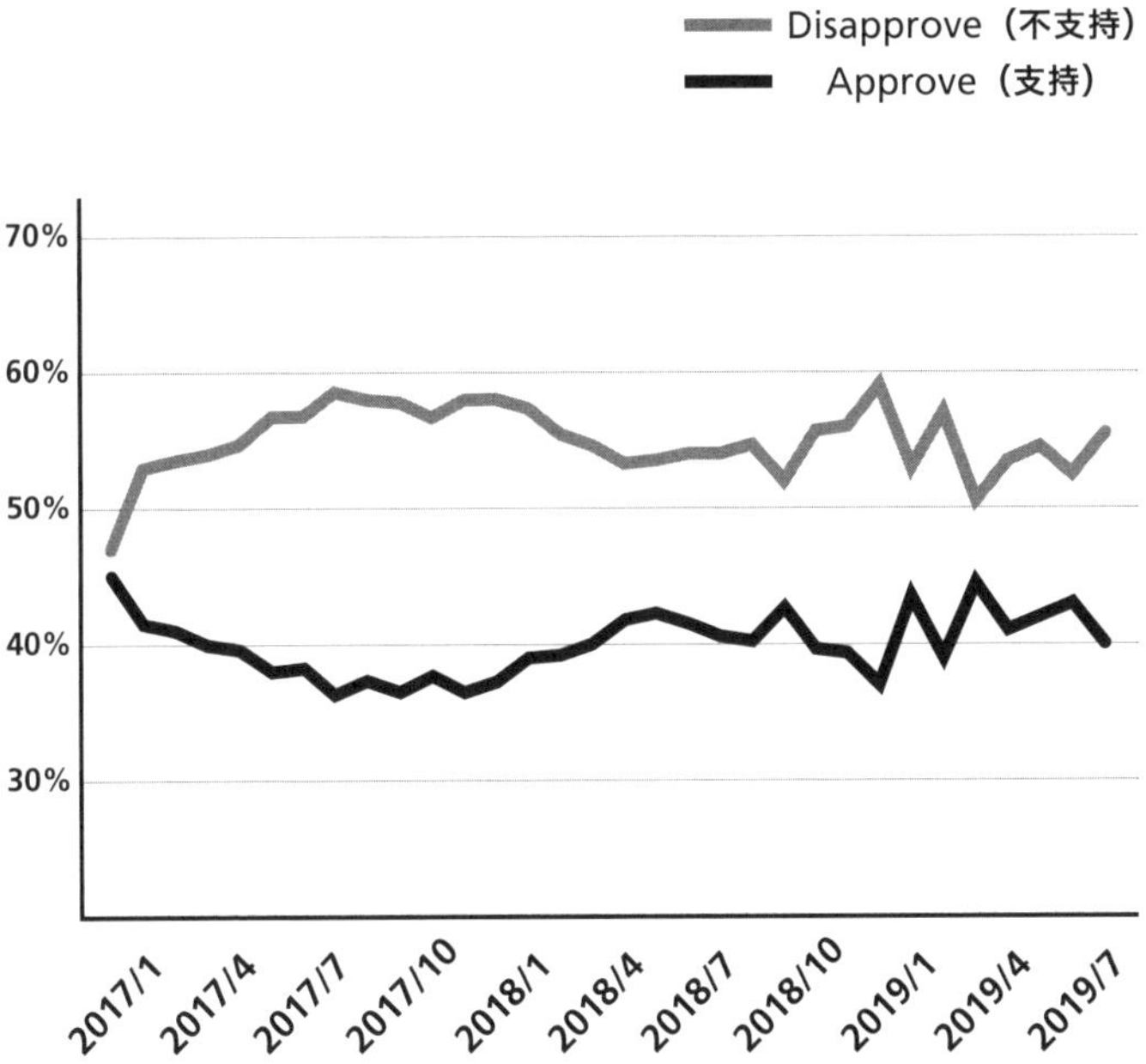


※米・調査会社ギャラップ社のデータを基に作成

ないはずなんです。

だってアメリカの自動車をつくるための薄くて上質な鉄鋼は、今のところアメリカ国内では生産できず、日本や韓国からの輸入に頼っているんですから。関税を上げたら困るのはアメリカの主力産業である自動車業界ですよ。アルミ製品も同様です。トランプ大統領の支持者が多い南部の白人肉体労働者階級が大好きなビールの缶も実は日本製。つまり彼らが日常飲むビールも、大切な自動車も、値上がりしていくということです。

それでもトランプ大統領は、中間選挙が無事に済めばいいんです。アメリカ益ではなく、自分の益を考えているから。

**増田**　大統領は17年末に税率の引き下げも実現しました。法人税率を35％から21％まで大幅に引き下げた結果、年明けには米企業が一斉に国内投資や雇用増、賃上げを発表し、失業率も改善しました。所得税も減税されたし、国民は大喜びです。

**池上**　減税率は金持ちになればなるほど高くなりますから、実はトランプ一族にとってもありがたい話なんですよね。

**増田**　トランプタワーが潤うと（苦笑）。

**池上**　そうです（苦笑）。
**増田**　庶民がわかりやすい形でのアピールがうまくて、一定の支持者たちの心を打つんですよね。「彼は自分たちのことを考えてくれている」と。
**池上**　しかし、民主党支持者からのトランプ支持率は一桁台ですよね。
**増田**　反対に共和党支持者からは、90％近い支持を受けています。
**池上**　アメリカが完全に分断されていますね。

## アメリカはニュースの視聴者層が真っ二つに分かれている

**池上**　アメリカではニュースの視聴者層も二分されています。共和党支持層はFOXニュースを見るし、民主党支持層はCNNを見る。FOXニュースは、トランプ大統領がいかに素晴らしいかを延々と流しています。
　面白かったのはトランプ政権の内幕を暴露した本、『Fire and Fury』（日本での翻訳本は『炎と怒り』早川書房）を巡っての報道の違いでした。この本にはトランプ氏が本当は大統領になるつもりがなかったことなど衝撃の内容が綴られていますが、CN

Nはすぐさま著者のマイケル・ウォルフ氏を呼び、トランプ側の内情を語らせています。一方のFOXでは、著者がいかに信用できない人物かということを報じていました(笑)。

**増田**　すごいですね(笑)。

**池上**　アメリカでは放送の公平原則がありませんから、放送の内容が偏ってしまうんです。

ちなみに日本でも、18年3月に政府の規制改革推進会議が検討する放送事業改革の原案に、放送法第4条の撤廃の検討が含まれ、物議をかもしました。放送法第4条は、国内放送番組に対し、政治的に公平であることや、事実を曲げずに報道すること、できるだけ多くの角度から論じることなどを定めています。その4条をはじめとする放送規制の改革の表向きの理由は、インターネットと放送の融合に向けての法整備となっていますが、本音のところでは政権を支持する放送局をつくりたいという思惑が働いているように見えます。さすがに自民党内部でも反対派がいますが。

**増田**　民放各社が、民放を解体する行為だと批判しています。

**池上**　おそらく本気でするつもりはないのではないかと思いますけどね。ただ、森友

・加計問題が白熱している中での提案なので、放送局を牽制したと見られています。しかしアメリカを見ていると、放送の公正原則を廃止すると、本当に世論というのは真っ二つに分かれてしまうんだなと驚かされます。

**増田** ただ、そんな保護主義、排外主義に傾いているかのように見えるアメリカでも、多くの人が「選挙」の可能性を今も信じていることが印象的でした。

**池上** トランプ氏のような人を選挙で選んでしまったけど。

**増田** それでも、また選挙で状況を変えることはできると自信を持っているんですよね。それも漠然としたものではないんですよ。「次期大統領は誰がいい？」と聞くと、みんな口々に具体的な候補名を出すんです。ある意味アメリカのほうがきちんと民主主義が機能しているという感覚を持ちました。

**池上** 市民が政治に参加する意識を持っているということですね。たしかに、この意識が今の日本には決定的に欠けているのかもしれません。

# 万人に戸別訪問。マクロン大統領が持つ驚異の「聞く力」

――フランス編

▲トランプ政権が初の国賓として迎えたのが仏マクロン大統領だった ©AFLO

▲2017年大統領選挙活動中のマクロン支持者の集会風景。パリ14区の女性だけを対象にしたときのもの

## 徹底的に語り合う異色の大統領

**池上**　2018年4月に、フランスのマクロン大統領の著書『革命』がポプラ社から出版されました。私も増田さんも最後に解説を書いているのですが、この本を読むと、まさに市民による「政治参加」を彼が最も大切にしていることがわかります。彼は「アンガージュマン」という言葉で表現していますが、これはかつてフランスの哲学者ジャン・ポール・サルトルが提唱したもので、「社会参加」や「政治参加」という意味で使われています。

**増田**　この言葉は池上さん世代には懐かしいのではないですか。

**池上**　ええ、懐かしいですねぇ（笑）。1960年代の学生運動が身近にあった世代には特に。サルトルは、人間は完全に自由の存在ではなく、時代や社会状況に拘束されており、積極的に社会や政治に関わっていくことでしか自由は得られないと説きました。

一部の政治家だけでなく、作家や芸術家、一般大衆もまた社会や政治に意欲的に参加していくべきだという思想で、現代風に言えば「コミットメント」となるかもしれませんね。68年の5月革命でフランスの大学生を中心に広まり、その後世界中に波及したものの、最近はめっきり耳にすることも少なくなりました。

ところがこの「アンガージュマン」を、マクロン大統領が再び熱く語っているんです。選挙中に記したこの著書の中で、彼は自らが考える未来のフランスの姿を、教育問題や移民問題、社会保障や労働環境、グローバル化する世界でいかに自国の強みを伸ばしていくかなどの側面から熱く語っています。そうした中、最も熱意を持って語られているのが「アンガージュマン」なのです。政治家に期待されているのは「国民と直接交流し、国民の怒りに耳を傾けること」、そして「私の野心とは、あなたたちがアンガージュマンする番なのだ、と直接国民に訴えることにある」と。

**増田**　私はフランスで彼の支援者たちと接してきましたが、彼のその言葉が決して口先だけではないことがとてもよく伝わってきました。

マクロン氏が政治運動グループ「前進！」を立ち上げたのは大統領就任のわずか約1年前の16年4月で、たったの十数人でスタートしましたが、それが1年後には25万人規模になり、新党「共和国前進！」に成長しました。

しかも彼が大統領選で掲げた公約は、彼の支援者約6000人がフランス各地で2カ月間かけて約10万人に戸別訪問した成果を分析した結果なんです。彼の支援者の約8割は政治経験のない一般市民で、一介の主婦や学生たちが政治運動に自主的に参加し、議員に立候補している姿を見ると、まさに彼の言う「アンガージュマン」を体現しているのだとわかります。

**池上**　そうした活動は、今も続いているそうですね。

**増田**　そうなんです。支援者たちは今も定期的に集会や政策に関する勉強会を企画し、SNSで参加を呼び掛けています。基本的には申し込みをすれば誰でも参加できます。労働大臣がカフェに来て、一般市民と直接語り合いました。

**池上**　大臣が直接一般市民向けに、街に繰り出すんですか?

**増田**　はい、ごく普通の一般市民相手の討論会です。業界団体向けなどでもありません。

**池上**　すごいですね。つまり日本の加藤勝信厚生労働大臣が「働き方改革について、皆さんの疑問にお答えします」と、街のカフェにやってくるようなものですね。

**増田**　そうです。一般市民だから次々に質問は飛ぶし、必ずしも好意的な意見ばかりではない中で、1時間の予定を2時間に延長して語り合っていました。私が見学した別の会では、ヨーロッパの難民問題について専門の弁護士や区会議員が市民の疑問に答えるという会で、夜20時から23時半まで白熱していましたね。

ちょうどこの頃、フランスでは国鉄労働組合がストライキをして、これまでの既得権益を壊したいマクロン大統領が苦戦していましたが、理解を得るのが難しい問題でも、上から威圧的に押し付けるのではなく、市井の人々と徹底的に語り合い、意見や疑問を吸い上げていこうとしています。フランス人が議論好きということもありますが、そのフランスでもこんなタイプの政治家はこれまでいませんでした。

## なぜトランプはマクロンには敬意を払うのか？

**池上**　マクロン大統領のトランプ対応もカッコいいですよね。

**増田**　そうなんです。彼はそのイケメンぶりや、24歳年上の奥さんとのロマンスなど話題に事欠きませんが、誠実な態度で人の話もきちんと聞くから、扱いが難しいトランプ大統領も、彼には一目置いていますよね。

**池上**　ＥＵやシリアに関係することなど、ことあるごとにトランプ大統領はマクロン大統領に電話して相談しています。ムチャクチャな言動が目立つトランプ大統領ですが、マクロン大統領には敬意を払っています。

**増田**　やはり、きちんと筋が通っていて信念のある人には正面切って戦いを挑むわけにはいかないということがトランプ大統領にもわかっているんですよね。

**池上**　マクロン大統領は、親しみの演出はしますが、同時に批判すべきことはしっかりと批判しています。トランプ大統領が、エルサレムをイスラエルの首都と宣言した際も、すぐに批判的な声明を出しました。日本が、賛否表明を示さず深入りしなかったのとは大きな違いです。

当初、アメリカは日本や中国同様、ＥＵにも鉄鋼・アルミ製品の関税をかけると発表しました。けれどもその直後、ＥＵが何をしたかというと、アメリカ共和党幹部の選挙区で一番大事な農産物は何かを調べ上げ、それら農産物に高関税をかけると宣言したんです。

**増田**　アメリカがやる気なら、私たちはあなたが一番嫌がることをするよというわけですね。

**池上**　そうです。ＥＵがそれを発表したとたん、アメリカはＥＵを除外しました。その間、日本は何をしたか。菅義偉官房長官は「日本は同盟国ですから、そんなことはないと思います」と言い、何の対抗策もとらなかった。ゴルフをして友情頼みで、「関税をかけないでください」というだけだから、日本は関税対象国のままです。

**増田**　一国の首相としての貫禄や品格の差でしょうか。相手の状況や自分の感情に振り回されて態度を変えるようなことはしないというのも重要ですね。

**池上**　カナダのトルドー首相もルックスがいいことで有名ですが、ＮＡＦＴＡ（北米自由貿易協定）の交渉でも全然妥協しないあたり、ほれぼれしますね。

**増田**　理路整然と理詰めで交渉すること、信念を曲げないこと、毅然とした態度をとることが、結局はアメリカから一目置かれるということなんでしょうね。

マクロン大統領は、謙虚で真摯な人柄もありますが、政策についてもきちんと自分で把握し、しっかりとしたビジョンを持っています。資料はすべて目を通し、問題点を把握し、この膨大なページ数の著書も自分ですべて書いています。官僚に資料をつくらせて、淡々と読み上げるような答弁とは全く異質で、はたしてこれほどの熱い思いを、今の日本の政治家が持っているか。

また、これまでのフランスでは右派か左派かと二者択一だった政治に、マクロン大統領は右派でも左派でもない中道派としての「第三の道」を提示しました。マクロン氏が大統領に当選したときの演説は非常に印象的でしたね。これまで共和党（右派）の勝利宣言はコンコルド広場で、社会党（左派）はバスティーユ広場でされてきましたが、マクロン大統領はその中間地点のルーブル美術館前の広場を選んだ。

**池上** しかもバックに流れるのはベートーベンの第九交響曲の「歓喜の歌」。この歌はEUのシンボル曲に指定されているもので、親EU路線をしっかりと印象付けました。フランス国歌をかけて出てきてもいいはずなのに、あえてEUの曲を、よりによってドイツ人が作曲した曲をかけるのは、すごいなと思いますよね。

**増田** まさに変化を体現するという意味で、これ以上ない見事な演出でしたね。16年以降イギリスはEU離脱に揺れていますが、マクロン氏を大統領に選んだ層からは、彼の親EU路線を支持する声も多く聞かれました。「なんだかんだ言っても、第二次世界大戦後フランスに戦争がなかったのはEUのおかげだ」と。

## 「アンガージュマン」のある米・仏・英・独、「あきらめ」を抱いている日本

**池上**　結局アメリカにしろフランスにしろ、市民が「民主主義を信じている」ということが大きな共通点かもしれません。

トランプ氏を大統領に選んだアメリカ、極右政党のマリーヌ・ルペンではなくマクロン氏を選んだフランス、ＥＵ離脱を選んだイギリス、長期政権のメルケル首相が率いるドイツ……、いずれも国の性質は違えど、これらの国々では、国の元首に誰を据えるか、しっかりと国民が意識して選んでいます。自分たちが築いてきた選挙制度や、民主主義そのものを信じている基盤には、国民による「アンガージュマン」があり、彼らは決して国の行く末をあきらめたり放棄したりしていません。政治を動かすのは我々国民だという意識がきちんと機能しています。

**増田**　そこが日本との大きな違いではないでしょうか。

**池上**　残念ながら日本人は心のどこかであきらめてしまっていますよね。自分が選挙に行っても、日本の国のシステムは変わらないと。政治家もそれを知っているから選

挙後の国民には知らんぷり。選挙さえ終わればあきらめてくれることを知っているから。

**増田**　ぜひ、本書を読んでいるみなさんには、もっと政治に参加してもらいたいと思います。政治に興味を持ったり、真剣に議論することがカッコいいと若者が思えるような文化をつくってこそ、日本の未来があるのではないでしょうか。

**池上**　本書を読んでくださっている層は、おそらくこの日本社会の中でそれなりの知識を持っていると思うんです。この層からまず動き、政治家への「おまかせ民主主義」を変えていってほしいと思います。

**増田**　フランス人と話していると、必ずと言っていいほど、フランス革命の話が出てくる（笑）。学校教育で「自分たちが戦って勝ち取った民主主義」を叩き込まれているんですね。マクロン大統領の本のタイトルは『革命』で、日本人の感覚では、「ちょっと大げさでは」と思ってしまいそうだけど、彼らの感覚では誇大妄想でもなんでもなく、実感として持っているということです。自由を守ることほど難しいことはないということを。

**池上**　ぜひ日本でも、社会全体の政治参加を模索していきたいですね。

PART
# 3

AKIRA
IKEGAMI

# 【ドキドキ大冒険—日本編】
# 令和という
# これからの時代を
# 語ろう

JULIA
MASUDA

▼即位した天皇陛下を祝う一般参賀で手を振る天皇皇后両陛下 ©AFLO

——日本編

# 上皇さまの歩みと新しい時代の皇位継承

## 皇室の構成

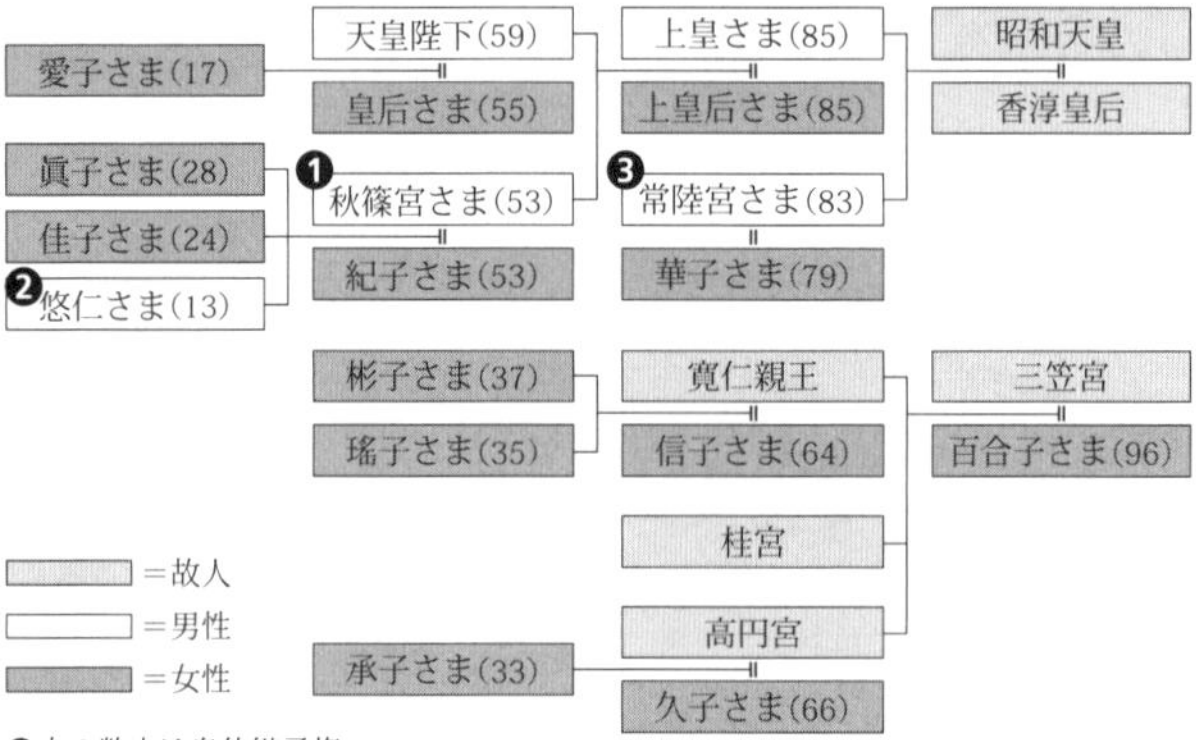


●内の数字は皇位継承権

括弧内の数字は2019年10月末時点の年齢

## 「象徴天皇とは何か」をあらためて考えてみる

**池上** 2019年5月1日から新しい時代「令和」がスタートしました。そこでPART3では、「象徴天皇とは何か」を考えてみましょう。

**増田** 憲法第一条に、「天皇は、日本国の象徴であり日本国民統合の象徴」とありますね。

**池上** 私は、上皇さまが天皇退位のご意向を示した16年8月のビデオメッセージの冒頭で、「日本国憲法下で象徴と位置づけられた天皇の望ましい在り方を、日々模索しつつ過ごして来ました」とおっしゃったことが、強く印象に残っています。

**増田** 戦後に作られた平和憲法の下、初めて即位された天皇でしたからね。1933(昭和8)年生まれの上皇さまも、ひとつ年下の美智子さまも、小学生の頃に疎開をされ、終戦で帰ってきて焼け野原になった東京をご覧になった体験をお持ちです。そのご記憶を原点に、国民が願う平和な世の中と、その中で象徴とはどうあるべきか、お二人で考えていらっしゃったことでしょう。

**池上**　憲法には、象徴とは何かという具体的なことは書かれていませんから、新しい象徴天皇像をご自分たちで築いてこられたわけですね。

**増田**　国民の一番の望みは平和にあるというお考えに重きを置かれて、そのことを行動で表されたのが、戦地への慰霊の旅と被災地へのお見舞いだったと思います。

**池上**　戦後50年の節目となった95年に、長崎、広島、沖縄と、東京大空襲の犠牲者を祀る東京都慰霊堂を訪問されています。その前年には硫黄島を訪問されています。沖縄は、皇太子時代を含めて11回も訪れています。

**増田**　戦後60年の2005年には、サイパンに行かれました。多くの日本人が身を投げたバンザイクリフで、両陛下が並んで頭をお下げになりました。

**池上**　サイパンでは、予定になかった韓国平和記念塔も訪問されています。米軍との戦闘で、徴用工など1000人以上の朝鮮人が亡くなったので、慰霊碑があるんですよ。ここは、両陛下が望んで足を運ばれたそうです。

**増田**　戦後70年の15年には激戦地だったパラオのペリリュー島をお訪ねになり、その翌年はフィリピンでした。マニラでは日本側の慰霊碑より先に、フィリピン人の犠牲者を祀る「無名戦士の墓」に拝礼されました。

**池上**　この場所の訪問も、両陛下の希望だったそうです。国籍を問わず、すべての犠牲者を慰霊するという強いお気持ちが伝わります。

**増田**　そして、被災地へのお見舞いは、1991年の雲仙普賢岳の噴火が最初ですね。

**池上**　とにかく現地に行きたい、と希望なさったそうです。スーツにネクタイ姿でいらっしゃったのですが、避難所に着くと、こんな姿は相応しくないと判断して、スーツを脱いでネクタイを外し、ワイシャツを腕まくりされました。そしてなんと、膝をついて被災者と話をされたのです。

**増田**　被災者と目線の高さを同じにされたお姿は、衝撃でした。しかも、被災者が座っている畳より低い体育館の床に、直接お膝をつかれたんですから。

**池上**　抗議電話が殺到したそうですよ。「なぜ、天皇陛下にあんな格好をさせるのか」と。国民とともにあるというのは、困っている人たちや立場の弱い人たちにこそ寄り添うことだと、お考えなのでしょう。

**増田**　平成の間には、その後も阪神・淡路大震災（95年）、新潟県中越地震（2004年）、東日本大震災（11年）と、大きな天災が相次ぎました。そのたびに被災地の避難所を見舞われて、時間をかけてたくさんの被災者とお言葉を交わされるのは、当たり前の光景になりました。しかもほとんど、日帰りなんですね。被災地になるべく負担をかけたくない、というご配慮です。

**池上**　東日本大震災のあと、東京都内で計画停電が実施されたとき、電気を使わず、暖房も止めて、ろうそくを立てて過ごされた。宮内庁の職員が「暖房をおつけになったほうがよろしいのでは」と申し上げたら、「寒かったら着込めばいいんです」とお答えになったとか。皇居のある千代田区には総理官邸や官庁もあるので、計画停電の対象地域ではなかったのに、計画停電が始まったら一定の時間帯は電気を使わないようにされていた。

**増田**　被災地で電気もガスも使えずに困っている国民がたくさんいるのだから、ご自分たちも同じ思いを共有するというお考えだったんですね。

**池上**　宮内庁の職員には守秘義務があるからこの話はすぐには一般に知られなかったのですが、侍従長《じじゅうちょう》だった渡邉允《まこと》さんが退職して、対談したとき、実はこんなことがありましたとお話ししてくれたんです。

**増田**　新しい天皇皇后両陛下は、象徴というお務めをどのように受け継がれていくのか。あるいは、新しい時代とともに、象徴のお姿も変わっていくのかもしれませんね。

## 新しい時代の皇位継承のゆくえ

**池上** 新しい天皇陛下が即位されて、最初にどんなおことばを発するのか。即位後朝見の儀では、特に憲法に関するご発言に、私は注目していました。

**増田** 「日本国憲法及び皇室典範特例法の定めるところにより、ここに皇位を継承しました」と始まって、「常に国民を思い、国民に寄り添いながら、憲法にのっとり、日本国及び日本国民統合の象徴としての責務を果たすことを誓い」と、短いおことばの中に2回も出てきました。

**池上** 上皇さまが1989年に天皇に即位されたときは、「皆さんとともに日本国憲法を守り、これに従って責務を果たすことを誓い」とおっしゃいました。おことばが似たのは、憲法を重んじる姿勢を受け継ぎたいお考えの表れでしょうね。

**増田** 新天皇即位に伴い、皇位継承の問題が注目されています。政府にとっては、「速やかに」答えを出さなければいけない課題です。

上皇さまの生前退位を認めた「退位特例法」の付帯決議に、「政府は、安定的な皇位継承を確保するための諸課題、女性宮家の創設等について、皇族方の御年齢からしても先延ばしすることはできない重要な課題であることに鑑み」速やかに検討して速やかに国会に報告するように、とありますからね。

**池上**　皇位継承の有資格者は、3人に減りました。皇嗣となった秋篠宮さま、その長男の悠仁さま、上皇の弟君の常陸宮さまです。

**増田**　上皇さまが天皇に即位された89年には、皇位を継承できる男性皇族は6人でした。現在、30代以下の皇族は7人ですが、悠仁さま以外の6人は女性です。女性皇族は結婚すると皇籍を離れる決まりですから、このままだと悠仁さまお一人になってしまうかもしれません。

**池上**　皇室典範の定める「男系男子」に従うと、悠仁さまが結婚して男子が生まれない限り、皇位の継承が途絶えてしまう可能性があるわけです。

**増田**　女性天皇、女系天皇を認めるのか。それとも、男系男子であることを優先して、戦後に皇籍から離れた旧宮家を復活させるのか。

**池上**　2005年、小泉内閣の諮問会議「皇室典範に関する有識者会議」は、「男系継承を安定的に維持することは極めて困難であり、皇位継承資格を女子や女系の皇族に拡大することが必要である」と結論づけました。継承順位は男女を問わず、直系の第1子を優先することも提唱しています。

小泉純一郎総理は、皇室典範の改正案を翌年の国会に提出する考えでした。しかし、その直前に秋篠宮妃紀子さまの第3子ご懐妊がわかり、提出を見送るように小泉総理を説得したのが、安倍晋三官房長官です。9月に男児の悠仁さまが誕生すると、その直後に発足した安倍政権は、この件を棚上げにしました。

**増田** そのあと民主党の野田佳彦内閣が、女性宮家の創設を検討しましたね。公務を担う皇族の少なさが議論の発端だったので、皇位継承には踏み込まず、一代限りとする案でした。このときも、第2次安倍政権の発足で立ち消えになったんですね。

**池上** これまで男系男子が維持できたのは、昔の天皇が側室を持ったからです。小泉内閣の有識者会議が調べたところ、歴代天皇の半分は側室の子だったそうです。正室から生まれた天皇は、現在の上皇、昭和天皇、その前は女帝の明正天皇（109代・在位1629〜1643年）まで遡らないと存在しません。

**増田** 側室制度がなくなったあとに、男児が誕生してきたのは、たまたまのことですよね。男系男子にこだわる保守派と呼ばれる人たちが、かえって皇位継承を難しくしているようにも思えます。

**池上** 現時点で男系の女性天皇を認めるとすれば、継承順位は陛下の娘の愛子さまが1位。秋篠宮の長女・眞子さま、次女・佳子さまも候補者となります。しかし、男系の女性天皇が認められて男子を出産されても、女系男子ということになるので、そのお子さまは天皇にはなれません。女系天皇が認められると、そのお子さまも皇位継承者となります。

**増田** 歴史的には、推古天皇をはじめ、8人の女性天皇が存在しましたが、女系天皇の例はないため、議論は難しくなりそうです。

**池上** イギリスでは男女平等の観点から、13年に王位継承法が改正されました。直系の子孫に男の子と女の子がいた場合、それまでは継承権は男の子を優先していましたが、ウィリアム王子が結婚してキャサリン妃が懐妊したときに、男女を問わず、直系の第1子を継承権1位にすると決めたんです。スウェーデン、ノルウェー、ベルギーではイギリスよりも早く、男子のみだった継承権を長子優先に変えています。

**増田** 日本はどうするのか。愛子さまの結婚が具体化する前に、決めなければならないでしょう。

PART

# 4

AKIRA
IKEGAMI

## 【ドキドキ大冒険――世界編】

## 世界を目撃するということ

JULIA
MASUDA

▼嘆きの壁（中央右の石積みの壁）と岩のドーム（右上）を望む

——エルサレム編

# 日本から飛び出してみると想像を超える世界が広がっていた

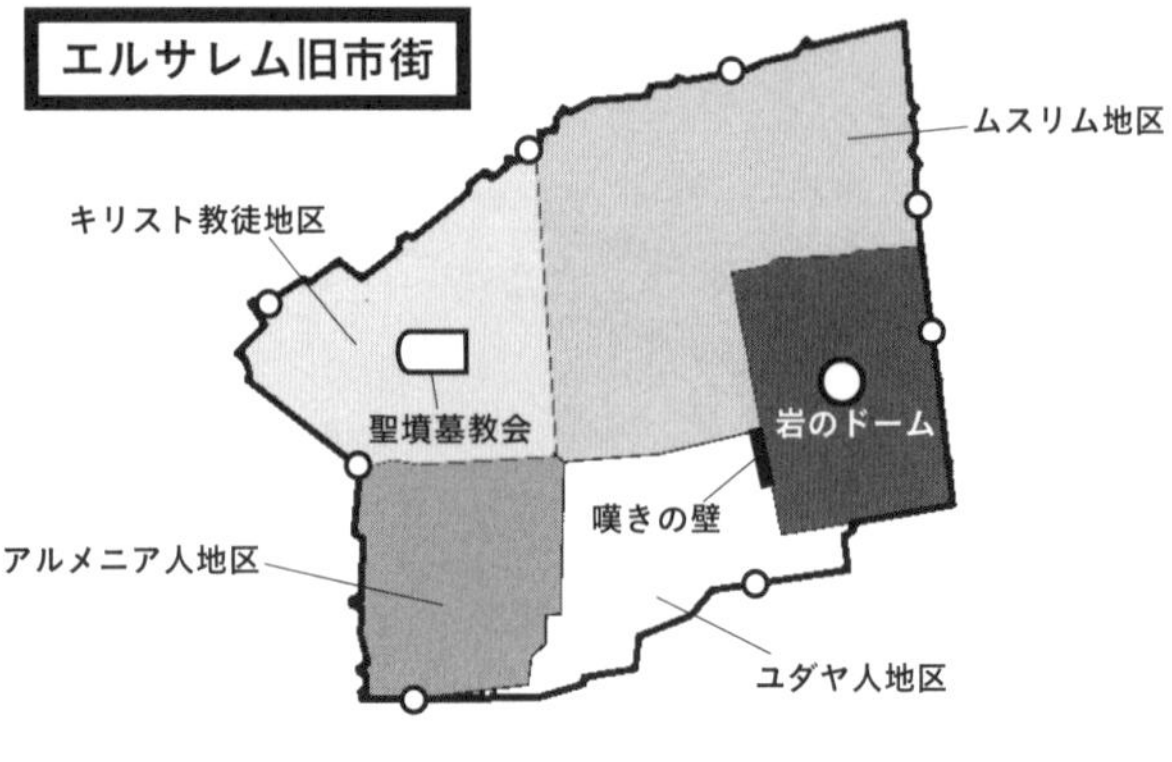

## エルサレムは想像と全く違った

**池上**　PART4では、【ドキドキ大冒険―世界編】ということで、世界中に行った気になってみましょう（笑）。

**増田**　各国の取材を続けていると、さまざまなタイプの「ドキドキ」を経験しますよね。想像していたのとは全く違う現実がそこにはあるわけで、そのギャップを知り、新聞記事の行間を埋めたいがために、現地に飛ぶのかもしれません。

**池上**　今は世界のニュースが素早く入手できますが、やはり現地に足を運んでみないと見えてこないものもあります。

**増田**　たとえば今、世界中に広がる難民問題では、難民＝「困った人たち」扱いのニュースも多い。でも彼らと直接話すと、当然ですが、普通に母であり、父であり、子であり、ただ安心して生活したいだけだということが切々と伝わってきます。

**池上**　増田さんとはこれまでもTVや雑誌などで仕事をご一緒していますが、そういう現地の人々の声を丹念にすくい上げる丁寧な取材から学ぶところが大きいのです。

ＰＡＲＴ４では増田さんが世界で撮影した写真を掲載し、その国の歴史や情勢についいて語ろうという趣向です。現地で体験した驚きや、人々の話など現地の空気感をも読者の方に伝えたいと思っています。ドキドキ感もね。

私はよくＴＶ取材で海外ロケに行きますが、増田さんは自主的に海外取材に行かれますよね。何カ国くらい行かれましたか。

**増田**　自分でももうよく覚えていないんですがおそらく40カ国、１００都市はくだらないかと。

**池上**　その活動の原動力はどこにあるのでしょう。

**増田**　以前、高校で社会科の教師をしていました。私自身は日本から一歩も外に出ていないのに、世界の歴史を語ったりしているんです。その後リポーターの仕事も始め、学校教育や不登校についての番組制作にも関わりました。日本では不登校の子どもも多く、学校システムもよくない、それに比べて海外の学校は素晴らしいという論調にも接し、本当かなと疑問に思ったんです。

私自身教師で、日本の学校にもよさはあると信じていたので、どうしても海外の学校の現場を見たくなり、春休みを利用して、米国に飛びました。それが37歳で生まれ

▲嘆きの壁に向かって祈る女性たち。壁に向かって右側が女性専用のエリア

▲嘆きの壁の前で語り合う正統派ユダヤ教徒。長いもみあげや黒い衣装が印象的

▲エルサレム旧市街の様子。手前がムスリム地区で、奥側がユダヤ人地区

て初めての海外旅行でした。

**池上** 現地に行かれて、どうでした？

**増田** やはり人づての話や想像だけで判断してはいけないなと強く感じましたね。でも池上さんこそ多忙な中、海外取材によく行かれていますよね。

## 何度も戦争を繰り返してきたアラブ人とユダヤ人が隣り合わせで生活していた

**池上** 増田さんと一緒です。私ももとはＮＨＫの社会部出身。海外取材など皆無でした。ところが「週刊こどもニュース」という番組で、子ども向けに世界情勢をわかりやすく解説しなくてはならなくなった。日本で手に入る情報で語りながらも、「やはり現地に行って見てみなければ」と感じていたんですよね。だからＮＨＫを辞めてからですね、私が意識的にせっせと海外に行くようになったのは。エルサレムに初めて足を踏み入れたときには衝撃を受けました。２００６年頃のことです。

**増田** エルサレムは私も人生観が変わった土地です。もちろん、最低限の知識はありましたよ。でも実際の街には、想像していたのとは全く違う空間が広がっていたんで

▲キリスト教地区にある聖墳墓教会の外観

▲聖墳墓教会内にあるこの小さな聖堂はイエス・キリストの墓とされている

▲イエス・キリストが寝かされたという台に顔を寄せる男性

す。紛争とテロのイメージしかなかった地域にも普通に広々とした道路や住宅が並び、洗濯物がたなびいている。

**池上**　何度も戦争を繰り返してきたアラブ人とユダヤ人が、旧市街ではごく普通に隣り合わせで生活をしている。これは衝撃でした。所せましとアラブ風の商店が立ち並ぶムスリム地区から、いきなり整然と掃除が行き届いた通りに入ると「あっ、ユダヤ人地区に入ったんだな」とわかる（笑）。

**増田**　あれは本当にわかりやすいですよね（笑）。私も最初、そんなことを思いながら歩いていたら迷子になり、目の前に突然古めかしい建物が現れたんです。周囲の人に聞いたら「聖墳墓教会ですよ」と言われてびっくり。私は「キリスト磔刑図」の絵画から想像して、てっきり荒涼とした丘にぽつんと教会が立っていると思い込んでいたんです。まさかこんな建物がひしめき合う中にあるとはと驚きました。

**池上**　資料などでは大抵アップで撮られていますけど、現地に行くと周辺の光景すべてが目に入るから、新たな発見もあります。そんな新鮮な驚きの体験も含めて、これから世界のドキドキを皆さんにお届けします。

# 米朝韓首脳会談も行われた「板門店」の緊張感

## ――北朝鮮編①

▲本会議場内の様子。写真中央は韓国軍憲兵、右横は観光客。旗が境界線を指し、右側が北朝鮮

▲板門店。奥の建物が北朝鮮側の板門閣。手前の建物は軍事停戦委員会本会議場

2018年9月19日に、北朝鮮の平壌にて、韓国の文在寅大統領と北朝鮮の金正恩朝鮮労働党委員長が同年3度目の会談を行った。4月に南北首脳会談が実現して以来、5月、9月と立て続けに行われた形になる。板門店では、その後も19年6月30日に、トランプ大統領、金正恩朝鮮労働党委員長、文在寅大統領による米朝韓首脳会談も開催された。

## 非武装地帯に行くバスツアーで誓約書へのサインを強いられた

**池上**　18年4月には金委員長と文大統領が手を携えて軍事境界線を行き来し、世界を驚かせましたね。南北の首脳がこの境界線を越えるのは初めてのことでしたから。同時に、朝鮮半島の非核化や、休戦状態の朝鮮戦争の終結などを目標に掲げた「南北共同宣言（板門店宣言）」も署名されましたが、増田さんはまさにその舞台となった板門店を18年1月に訪ねたそうですね。

**増田**　そうです。元日早々行ってきました。前年は北朝鮮からミサイルが飛び、Jアラートが鳴るなど、北朝鮮関係がきな臭い時期でもありましたので。

**池上**　板門店に行かれてどうでした？　一般的には怖いところというイメージが強いのですが。

**増田**　やはり怖かったですね。ソウルから出発して板門店に行くバスツアーは、外国人は比較的簡単に申し込めるんですが、「敵の攻撃により死亡する可能性もあるが、国連軍はその責任を負うことはできない」という訪問者宣言書にサインしなくてはいけないんです。いまだに南北関係は、単なる〝休戦〟状態であることを実感させられた瞬間でしたね。

**池上**　ツアー参加にはいろいろ規制もあるんですよね。

**増田**　そうです。まず服装からして派手なプリントや、メッセージ入りのロゴTシャツは禁止です。北朝鮮側を挑発する危険性があるからでしょうね。ダメージジーンズや肌の露出の多い服、だらしない格好も駄目です。

**池上**　北朝鮮側が観光客の写真で逆プロパガンダをする可能性があるからですね。

**増田**　写真撮影できる場所も細かく指定されました。撮影が可能な場所でも、正面からの撮影のみ許されるなど、とても厳しかったです。これは警備兵の顔が判別してしまうとよくないという事情もあるんでしょうね。

**池上** そうでしょうね。韓国側の兵士は皆ヘルメットと大きなサングラスを装着していて、顔がわからないようになっています。もし個人が特定されれば、韓国に潜入している北朝鮮のスパイが、その警備兵の家族を人質にとって脅迫するかもしれない。それを避けるための対策なのでしょう。

## 板門店は南北トップが話し合う場所として用意された

**増田** 板門店の警備兵たちは、この青い建物の陰に半身を隠して警備していました。

**池上** いざ銃撃戦となればすぐに建物に身を隠して応戦できるよう、銃も撃てる状態で用意しています。もっとも兵士が身に着けているのは護身用の拳銃のみで、小銃や機関銃などは携帯してはいけない規則になっているんです。

敵を殺す目的の機関銃等を携帯してはいけない理由は、板門店は南北の境界線に広がる非武装地帯にあるからです。

1953年に朝鮮戦争の休戦協定を結んだ際、南北4キロにわたり非武装地帯が設けられました。しかし、南北トップが話し合える場所も用意しておかなくてはいけないということで、板門店がつくられ、南北の共同警備区域となったんです。

**増田** ここを警備しているのは、厳密には韓国軍ではなく、国連軍なんですよね。

**池上** そうです。韓国は休戦協定に調印していないので、名目上は国連軍が北朝鮮と共同で警備することになっています。

**増田** 両首脳が手をつないで歩いたところは、私たち観光客は歩けずに、両サイドにある青色の建物（軍事停戦委員会本会議場）の内部を行き来するしかできませんでした。

**池上** 以前は警備兵は北朝鮮側の板門閣直前まで歩けたんですよ。ところが76年に「ポプラ事件」というのが起こってしまった。共同警備区域に植えられていたポプラの木が大きく成長しすぎ、剪定しようとした国連軍が北朝鮮側から攻撃を受け、2名のアメリカ兵が殺害されてしまった事件です。それ以来、共同警備区域内にも軍事境界線が引かれてしまい、警備兵も境界線を越えることができなくなってしまったんです。

**増田** 南北首脳会談の狙いはどこにあると池上さんは見ていますか。

**池上** 4月、5月の南北首脳会談では、その後の米朝首脳会談につながるなどの成果がありましたが、その後、北朝鮮の非核化は進まず事態は膠着しています。何とかここでもう一歩進展させたかったはずです。

**増田** しかし北朝鮮は朝鮮戦争の終結を優先させたいわけですよね。中国の思惑もあります。

**池上** そうなんです。朝鮮戦争が終結すれば、アメリカが主導する国連軍が韓国にいる必要がなくなるため、北朝鮮にとっても、中国にとってもやりやすくなる。

**増田** だから金委員長がトランプ大統領と会う用意があると発言した途端、彼は中国に呼ばれたんですね。

**池上** 中国が怒って呼びつけたんでしょうね。過去には金日成も金正日も頻繁に中国にご機嫌伺いに行っていたのに、金委員長は一度も来ないばかりか、いきなりアメリカのトップと会うという。そこで金委員長を呼びつけ、アメリカと交渉するうえで中国が後ろ盾になると再確約したのでしょう。北朝鮮は今後も中国とアメリカという巨大国家の間で微妙なかじ取りをしていかなくてはなりません。

▼1978年に発見された第３トンネルに向かうトロッコ。ソウルまで52kmの位置

——北朝鮮編②

# ダイナマイトを仕掛ける穴も!?「南侵トンネル」を走るトロッコ

▲第３トンネルに向かうトロッコの乗り場。「DMZ」とは非武装地帯のこと

2018年8月上旬に北朝鮮を観光旅行中の日本人男性が現地当局に拘束された。ダムなどを撮影したのが拘束の理由だったが、同年8月28日に国外追放処分となり、解放された。

## 北朝鮮と韓国の〝アピール合戦〟

**池上**　16年には北朝鮮で政治的なポスターを盗んだとしてアメリカ人大学生が1年以上も拘束された揚げ句、こん睡状態で帰国、死亡した事件もありましたね。

**増田**　私も軍事境界線では写真撮影に非常に気を使いましたけど、考えてみたら韓国でもひと昔前までは軍事独裁政権が続き、戒厳令が敷かれていたんですよね。当時は軍事施設以外の、橋や駅など公共施設での写真撮影も禁止されていたものです。

**池上**　そうでしたね。今や観光客が溢れる韓国ですが、民主化されたのはわりと最近のことです。1987年の「民主化宣言」とともに直接選挙で盧泰愚大統領が就任、続く金泳三、金大中大統領により、民主化が進み、同時に日本文化も開放されていきました。

それ以前の韓国がずっと軍事独裁政権だった背景のひとつには、北に独裁国家がある以上、軍事を優先に据えないと不安だという事情もありました。

**増田**　そういえば、ツアーで板門店に行くまでの高速道路が異様に広かったのも印象的でした。

**池上**　中央分離帯もなかったはずです。これはいざ有事となった際、滑走路として使うためなんです。

もし北朝鮮から軍隊が攻めてきたら、真っ先に軍事基地がミサイル攻撃を受けますよね。そうなると韓国側から飛び立った戦闘機が下りる場所がなくなってしまう。そのとき高速道路を非常事態時の滑走路として使用することが想定されているんです。ちなみに台湾も同様で、定期的に戦闘機が高速道路に着陸する訓練を行っています。

**増田**　平和が続いている日本からは想像しにくいですが、韓国ではシェルター付き住宅もよく売れていると聞きます。

**池上**　そうです。韓国の首都ソウルから50キロ前後先に北朝鮮との軍事境界線があるわけですから、危機感を持たざるをえませんよね。

**増田**　軍事境界線付近には、北朝鮮と近いがゆえに国からの優遇措置で潤っている村がありました。国境なので非常に豊かな自然が残されており、高品質な朝鮮人参も採れる。国からも支援があるので教育環境も非常に整っていると。

**池上** 北朝鮮に対する一種のアピールですよね。

**増田** そうなんです。北朝鮮と国境が近い高台からは北側の工業地帯に向かって、いかに韓国が素晴らしいか、あの手この手のアピール戦略を繰り広げていました。音楽を流したり、スピーチを流したり。まるで天岩戸《あまのいわと》を開こうとするかのようでした。

**池上** 天岩戸か（笑）。

**増田** でも、まさにそうですよね、やっていることは。

**池上** たしかにそうですね。以前、北朝鮮から韓国に命がけで亡命した兵士が、韓国で意識を回復したときの第一声が「Kポップを聴きたい」でしたよね。天岩戸作戦も、あながち無駄な努力ではないのかもしれません。

北朝鮮も同様のプロパガンダを行っています。境界線付近に、映画のセットのような建物が立ち並ぶ街もあるんです。でも、人の気配は一切しない（笑）。

**増田** 旗をどれだけ高く掲げるかの競争の話も聞きましたよ。軍事境界線で両国の旗を掲げているのだけど、あるとき北朝鮮側がより高い位置に旗を立て、それに対抗して韓国がもっと高く旗を掲げたと。

**池上**　それを何度か繰り返して、さすがに不毛だと韓国側があきらめたというものです。国同士のマウンティングですよね。南北の争いといえば、今回は南侵トンネルにも訪れたとか。

## 撮影禁止！「南侵トンネル」の内部はどうなっている？

**増田**　そうなんです。北朝鮮が極秘に韓国側まで掘り進めた地下トンネルが、今はツアーで行ける観光地になってます。脱北者によると南侵トンネルは全部で10～20本ほど存在するとのことですが、現在見つかっているのは4本で、私が訪れたのは78年に発見された第3トンネルです。池上さんも以前行かれたんですよね。

**池上**　はい。私はトンネル内を徒歩で移動しましたけど、増田さんはトロッコで移動したとか。私もそっちがよかったな（笑）。

**増田**　途中まではトロッコでしたけど、最後は歩きでしたよ。相当狭いトンネルでした。

**池上**　栄養状態がよくない北朝鮮の兵士ならともかく、ツアー客はヘルメットの頭をぶつけながら進む感じですよね。

**増田**　ここは撮影禁止だったので、皆さんに様子をお見せできないのが残念ですが、トンネルの途中には、ダイナマイトを仕掛ける穴も用意されていました。

**池上**　74年に最初の南侵トンネルが発見されたとき、北朝鮮側は「韓国の自作自演だ」と主張しました。でも明らかに北から掘り進められているし、ダイナマイトも韓国側に向けて仕掛けるようになっている。

**増田**　そのツアーに参加して、ソウルに戻ったとき、しばらくは茫然としてしまいました。非武装地帯（ＤＭＺ）からわずかバスで1時間。宿泊したロッテホテルの地下街には豊かな品物が並んでいるのに、同じ半島でたった1時間の距離のところには、いまだに軍事境界線が引かれ、その向こうでは食べるものにも事欠いている。この落差はなんなのだろうと。

**池上**　南北首脳会談に続き、今後も米朝首脳会談が予定されています。朝鮮半島の動向からは目が離せませんね。

▼ノガレスの街を案内してくれたFriends of HEPACのリカルド・ラミレス氏

——アメリカ・メキシコ編①

# 移民問題は 中間選挙の大きな争点となった

▲国境で捕まった無実のメキシコ少年を描いた絵が掲げられていた

## 1年前までウエートレスだったヒスパニック系女性が勝利

**池上**　全世界が注目した、アメリカの「中間選挙」（2018年11月6日投開票）では、現代社会のさまざまな課題が浮き彫りになりました。

**増田**　そうですね。4年に1度、夏季オリンピックの年に行われるのが大統領選、その2年後に行われるのが中間選挙で、ここでは100ある上院の議席のおよそ3分の1と435議席ある下院議員全員が選ばれますが、大統領の任期半ばに行われるため、現職大統領の仕事ぶりを国民が評価する重要な選挙でもあります。

**池上**　中間選挙は歴史的に政権与党に厳しい審判が下ることが多く、トランプ大統領にも逆風が吹き荒れました。世界中で人気の歌手テイラー・スウィフトさんが沈黙を破り、民主党支持を表明したことや、敏腕ジャーナリストによるトランプ大統領の暴露本『FEAR』（邦題『恐怖の男』）が大ベストセラーになりました。

**増田**　野党の民主党内でも、意外な展開が起こりましたね。ニューヨーク州で行われた中間選挙に向けた予備選挙で、現職の大ベテラン議員を破り、弱冠29歳のヒスパニック系のアレクサンドリア・オカシオ・コルテスさんが勝利したんです。わずか1年前まではウエートレスをしていた女性で、経験も知名度も資金もない非白人の女性が、トランプ大統領の移民排除の方針に異を唱え、既成の政党の金権政治に反対する白人の若者を中心に支持を集め、大きな話題になっています。

**池上**　トランプ大統領の熱狂的支持者はいるものの、反発する動きも活発になったということですね。トランプ大統領は、中間層への新たな減税策や米軍による国境の警備強化などの不法移民対策を打ち出すなど、支持基盤である保守層へアピールし、巻き返しを図りました。

不法移民問題といえば、トランプさんは大統領選挙時に、過激な発言で世界を驚かせましたよね。「メキシコからの不法移民は、麻薬の密売人であり、犯罪者で、強姦魔だ。（中略）私が大統領になったら、メキシコとの間に万里の長城のような高い壁をつくる。その費用は、メキシコ政府に出させる」と。

**増田**　結局、大統領就任から約2年、「万里の長城」のような壁はいまだ完成していません。莫大な壁建設費用をメキシコが出すわけもなく、連邦議会も費用捻出を拒否。とはいえ国境沿いの警備は強化され、不法移民の取り締まりに関してはさまざまな問題も噴出しています。

**池上** PART1でも触れましたが、増田さんはこのメキシコとの国境を取材したんですよね。

## リオ・グランデ川やネーティブアメリカン居住区など「壁」をつくれない土地もある

**増田** そうです。アリゾナ州と接するメキシコの街、ノガレスを取材してきました。

**池上** なぜこの街に?

**増田** ここからが国境を隔てる壁を見やすいと聞いたからです。トランプ大統領は「壁をつくる」と息巻いていますけど、実はすでに壁はあるんですよね。ただ、小さい子どもは通り抜けられるような緩いフェンスだけの箇所もあるので、より強固に、高さ9メートルもの壁をつくりたいと豪語しているわけです。

**池上** 現在、メキシコとの国境には何もないと想像する日本人もいるかもしれません。

**増田** 実はこれまでも中南米からの不法移民を何とかしようという動きは何回もあり、特にブッシュ政権下に「2006年安全フェンス法」が制定されたことで、すでに一部の国境はフェンスで隔てられています。ただ、物理的に壁をつくれない土地もあります。国境沿いには砂漠やリオ・グランデ川がある。ネーティブアメリカンの居住区にも壁はつくれません。

**池上**　そうですね。ネーティブアメリカンの居住区は、独自の自治が認められています。連邦も州も手出しはできないんです。

**増田**　となると、壁もしくはフェンスがあり、国境警備隊も配置されている街中からアメリカを目指すより、命の危険を冒しても砂漠や川を渡ったほうがまだ可能性があると考える不法移民も後を絶たないわけです。

**池上**　リオ・グランデ川を泳いで渡った不法移民のことを「ウェットバック（濡れた背中）」と呼ぶそうです。

**増田**　運がよければアメリカにたどり着けるけれど、その前に命を落とす人がたくさんいる。実はそういった人々を助ける保護シェルターも、国境沿いにはあるんです。もちろん不法渡米の手助けではなく、最低限、彼らの命を守るための活動で、国連からも認められています。保護シェルターの運営のほか、砂漠を生き抜くサバイバル術を伝授したりしています。

たとえば、砂漠で水がなければ死んでしまうし、川を泳いで渡って濡れた靴下のままだと足の皮膚が腐ってしまう。そこで、砂漠に緊急用の飲料をポリタンクに入れて吊るしておいたり、替えの靴下を持参するように指導します。もっとも、国境警備隊からは嫌われていて、設置した飲料水も、こっそりぶちまけられてしまうことも多い、と話していましたけど……。

**池上** 過酷ですね。実は私も、身重の体で川を渡ったエルサルバドル出身の女性を取材したことがあります。大きなお腹でそんな危険を冒すなんて、日本人には信じられないかもしれませんが、彼女にしてみれば「身重であること」が重要だったんです。

**増田** アメリカで子どもを産みたかった？

**池上** そうです。アメリカは出生地主義を採用していますから、仮に両親が不法移民であっても、アメリカで生まれさえすればアメリカ国籍をとれる。その子が21歳になれば両親もアメリカの永住権（グリーンカード）を申請できる。合法的にアメリカに定住できるようになるんです。

移民への対応は、本来、移民によって成立したアメリカという国の根幹にも関わる問題です。次項でもアメリカの不法移民対策について考えてみましょう。

▼ギニア出身の移民アダマ・バー氏。右は日本人の母を持つ中東国籍の通訳

## ──アメリカ・メキシコ編②

# アップルもフェイスブックも
# 移民の才能を集結させて成長した

▲アメリカからメキシコへの徒歩通行者用の入り口

## 「出る」はたやすく「入る」は難しい国

**池上**　2018年10月中旬からメキシコよりさらに南のホンジュラスから、キャラバン（大規模移民集団）がアメリカを目指して進んできていますね。

**増田**　最初は1600人程度だったのが5000人規模になりました。トランプ大統領はメキシコとの国境沿いに兵士を派遣し、「強い国境と安全なコミュニティが欲しいなら、共和党に投票しろ」と、18年11月6日の中間選挙の格好の材料として、不法移民阻止を訴える自身のキャンペーンに利用しました。

**池上**　しかし、選挙結果は、上院は与党・共和党が過半数を維持する一方で、下院は野党・民主党が過半数を奪還しましたね。

そんな緊迫感溢れるアメリカ・メキシコ間の国境ですが、増田さんは数カ月前、まさにこの国境で肝を冷やす体験をされたとか？

**増田**　そうなんです（笑）。前回お話ししたアメリカとメキシコの国境をまたぐノガレスという街を取材したときのことです。

実はアメリカからメキシコに入るのは拍子抜けするほど簡単なんです。一応パスポートは見せるけど、形式だけチラッと見て、あとは「どうぞどうぞ」という感じでメキシコに入れる。メキシコからアメリカに戻るときも、徒歩で入る分には比較的簡単でした。出入国審査や荷物のX線チェックもありますが、特にトラブルもなく戻れたんです。問題は車でメキシコからアメリカに入国するときですよ。

**池上** 車での入国だと人物の確認はもちろん、車内に細工がされていないか、トランクに誰か隠れていないかなどチェックが厳しくなるんですよね。

**増田** そんな出入国審査でひっかかってしまったんです。同行者が2人いまして、1人がアメリカ国籍のヒスパニック系の男性。彼はルーツがメキシコにあります。もう一人の通訳の女性は、お母さんが日本人でお父さんは中東の人。国籍が中東で出生地が日本というバックボーンを持っていまして、この3人の組み合わせが怪しまれたのか、とにかく「全員降りろ」と。

**池上** 荷物などは車においてて？

**増田** いいえ、荷物は持っていてよかったのですが、パスポートと携帯電話を車内に置いていけ、と。その後、別室に連れていかれました。私も彼女もアメリカ政府が発行した報道関係者向けの「Iビザ」を取得しているのに、現場の係はその知識がなかったようでした。

**池上**　スパイ容疑もあったのかな。パスポートをFBIに照会したり、車内を徹底的に調べたりしたんでしょうね。

**増田**　じっと待っているだけの時間は、かなり不安なものですね。もっとも通訳の女性は慣れたもので、トランプ政権になって以来、空港などで足止めを食らうことはしょっちゅうだそうです。3時間も別室で待機させられたこともあるそうです。

結局このときは、いきなり片言の日本語が話せる係の人が来て、「ハイ、コンニチハ。サヨナラ」とか言われて放免です。

**池上**　(笑)。アメリカという国は去る者は追わず、ただし入ろうとするとやたら厳しい。

アメリカはそもそも移民によって成り立っている国ですよね。最初はイギリス、アイルランド、19世紀以降はドイツやフランス、イタリアやスイス、ロシアなど。アメリカの金融業界の発展もユダヤ人移民たちのおかげですし、アップルやフェイスブックなど移民系の人々の才能が集結して新しいビジネスもどんどん生まれています。

**増田**　そんな国で移民排除を厳しくするというのは、アメリカという国の存在そのものを否定しかねません。

## 「ドリーマー」と呼ばれる不法移民の子どもたち

**池上**　アメリカは国籍取得で「出生地主義」を採用していますから、仮に両親が不法移民でもアメリカで生まれさえすれば、子はアメリカ国籍を取得できます。

ただ問題なのは、幼い頃に両親に連れられてきた不法移民の子どもたちです。いわゆる「ドリーマー」と呼ばれる彼らには不法入国の責任はないし、アメリカで教育も受けて英語しか話せない若者も多い。

**増田**　今回、そんな「ドリーマー」の女性とも知り合ったんです。アダマ・バーさんは2歳のときに親に連れられてギニアからアメリカに移り住みました。自分はアメリカ人だと思って育ったのに、16歳になったある日、自爆テロ犯の嫌疑をかけられ、自分がドリーマーだったと知ったと。

**池上**　オバマ前大統領は、ドリーマーが一定条件を満たせば、就労を許し、強制送還を猶予する制度「DACA」を制定しましたが、トランプ大統領はそれも打ち切ると発表しています。

**増田** オバマ大統領時代は、不法移民は家族一緒に収監されましたが、トランプ大統領はそれもバラバラにしてしまい、さすがに大批判を受けましたね。しかもその騒ぎの最中にメラニア夫人の両親（スロベニア出身）がアメリカ国籍を取得して炎上するという。

**池上** トランプさんと結婚してアメリカ国籍を取得したメラニアさんが、家族を故国から呼びアメリカ国籍を取得させる。まさに「移民の連鎖」とトランプ大統領が批判していた方法ですから、身内に甘いと言われても仕方ありません。

**増田** 結局、移民一家は家族で収監されるようになったものの、赤ちゃんまで裁判に出廷させる現状には、アメリカ国内からも疑問の声が上がっています。

**池上** アメリカでは50年には、黒人、アジア系、先住民、ラテンアメリカ系の人々が白人の数を上回り、多数派になると予想されています。これを「2050年問題」と呼びますが、先進国の中で唯一若年層が増え続けているアメリカは、今後も経済を成長させ続けるために、移民政策の方向を間違うわけにはいきません。

▼イスラエルとパレスチナのヨルダン川西岸地区を隔てる分離壁

## ——イスラエル・パレスチナ編
# 国連や国際司法裁判所が中止と撤去を求めている分離壁の正体

▲壁はパレスチナ側に食い込む形で建設され、国際司法裁判所は違法と勧告した

## 壁ができる前はパレスチナ側からイスラエル側に毎朝出勤する人もいた

**池上**　今回のテーマはパレスチナとイスラエルです。両者は長い断絶の歴史を歩んできました。

**増田**　それを象徴するのが、パレスチナ自治区をぐるりと取り囲む形でイスラエルが建設した「分離壁」です。池上さんも、この壁を取材に行かれていましたよね。

**池上**　そうです。直接この壁の前に立つとその異様さに圧倒されました。イスラエル側は「セキュリティ・フェンス」と呼んでいますが、フェンスではなく立派な壁です。内部に閉じ込められたパレスチナ人は、たまったものではありませんよ。

**増田**　高さ8メートルほどの分厚いコンクリートの壁が延々と続く区域内で、制限された生活を強いられていますからね。

**池上**　パレスチナ側に入ると、もはや刑務所内にいるような雰囲気です。至る所に監視塔があり、銃を持った兵士が見張っている。パレスチナ自治区はヨルダン川西岸地区と、地中海に面したガザ地区とに分かれますが、特にガザが相当ひどい状態でした。

下水道が壊れてものすごい悪臭が漂っていたりするんです。

**増田**　ガザ地区は一部壁がない部分があり、パレスチナ人がイスラエル兵めがけて投石するなど抗議行動をしていますよね。

**池上**　投石に対してイスラエル側は実弾で応戦していますから、毎日のように死者が出ます。

**増田**　この壁ができるまでは、それなりに両者の行き来もでき、パレスチナ側からイスラエル側に毎朝働きに出ていく人も大勢いたと聞いています。

**池上**　そうなんです。パレスチナ自治区内には仕事もあまりありませんから、多くのパレスチナ人がイスラエルに〝出勤〟して、いわゆる3K仕事に従事していたんです。ところが壁の建設以来、就労証明書を持ち毎日検問所でチェックを受けるなど制限ができ、大勢の失職者が出ました。

**増田**　「分離壁」は国連や国際司法裁判所が中止と撤去を求めていますが、イスラエルは無視しています。彼らとしては一応大義名分があるんですよね。

**池上**　ええ、それまでイスラエルではパレスチナの過激派による自爆テロが頻発していたんです。街中を走る満員バスに自爆テロ犯が乗り込み、バスごと爆破、乗客全員が死亡という事件もしばしば起きていた。そういったテロリストを封じ込めるために「セキュリティ・フェンス」をつくるという口実で。実際それ以降、テロが激減したという現実もあります。

**増田**　私が初めて訪れたのは10年ほど前で壁は8割ほどできていましたけど、街中の人が集まる場所ではテロ対策として手荷物検査がよく行われていました。最近はどうですか?

**池上**　そういえば、たしかに以前はマクドナルドに入るのにも、金属探知機検査がありましたね。今回訪ねたときは壁の効果で治安がよくなったせいか、チェックはほとんどありませんでした。

**増田**　壁の建設で街の治安が改善されるのは皮肉な話です。

**池上**　しかもイスラエルを建国したユダヤ人は、かつてナチスドイツにより「ゲットー」と呼ばれる区域で生活を強いられた歴史があります。それなのに今は他民族に対して似たようなことをしているわけですから。

## なぜイスラエルとパレスチナは争いを続けるのか？

**増田**　そもそもなぜ、この地域の紛争は絶えないのか、複雑でわからないという声も聞きます。

**池上**　ざっと歴史のおさらいをしておきましょう。もともとシオンの丘と呼ばれる場所を中心に紀元前にはユダヤ人が王国を築いていたんです。ところがローマ帝国の攻撃により王国は消滅、ユダヤ人は土地を追われて各地に離散しました。代わってパレスチナと呼ばれたこの地に住むようになったのがアラブ人です。16世紀以降はオスマン帝国の支配下に入りました。

事態をややこしくしたのはイギリスです。第一次世界大戦中にオスマン帝国を倒すため、イギリスは「三枚舌」外交を行いました。アラブ人には「帝国を倒せば、戦後この地にアラブの国をつくる」と約束し、ロシア・フランスには「帝国崩壊後はこの地を分割しよう」と提案、軍資金調達のためイギリスのユダヤ人コミュニティには「将来この地にユダヤ人のナショナルホームをつくる」と約束したんです。

▲イエス・キリストが誕生したとされる聖誕教会があるベツレヘムには、この壁を越えないと行けない

**増田**　結局、戦後この地はイギリスの委任統治領となりました。

ですが、第二次世界大戦中には、ナチスドイツにより、ユダヤ人約600万人が殺されるという悲劇が起こりました。ユダヤ人たちは、自分たちがこんな目に遭ったのは国を持っていなかったからだ、今度こそ自分たちの国をつくろうと、戦後「シオニズム運動」を繰り広げます。「シオンの丘に帰ろう」という運動です。

その結果、大量のユダヤ人がパレスチナに押し寄せ、アラブ人たちと紛争が始まります。4度の中東戦争を経てイスラエルがパレスチナ全域を支配、その後の「オスロ合意」を経て、ガザ地区とヨルダン川西岸地区はアラブ人のためのパレスチナ自治領になり、その他がユダヤ人のためのイスラエルとなり現在に至ります。

## 世界から非難殺到の「ユダヤ人国家法」とは？

**池上**　しかしイスラエルもずるいですよね。「オスロ合意」で定められた境界線をじわりじわりと侵食する形で「分離壁」をつくっているんですから。
**増田**　さらに18年7月には「ユダヤ人国家法」を制定しましたよね。

**池上**　そうなんです。イスラエルは「ユダヤ人の国家である」「公用語はヘブライ語のみ」として、アラビア語を公用語から外しました。実はイスラエルには人口の約2割程度アラブ人が暮らしているんです。主にイスラム教徒ですがイスラエル国籍を取得し、議員もいます。そんな彼らを二級市民扱いすることを法律で定めてしまった。

**増田**　それから公然と民族差別が始まるわけですよね。

**池上**　現在は2割程度ですが、アラブ人は出生率が高く、将来的にイスラエルのユダヤ人を上回りそうな勢いで、それに対する危機感もあるようです。

**増田**　世界中から非難の声が殺到していますが、唯一イスラエル寄りの言動を繰り返すのが、アメリカのトランプ大統領です。

**池上**　次項ではそんなアメリカとユダヤ社会の関係やユダヤ人の暮らしを見ていきましょう。

▼聖誕教会から出てくるムスリムたち。彼らにとってもイエスは大切な存在

――イスラエル編

## 安息日の敬虔なユダヤ人は落ちたブレーカーすら上げない

▲右はパレスチナ人自治区にある聖誕教会、左はその向かいにあるオマールモスク

## トランプ大統領が在イスラエル大使館をエルサレムに移転させた意味とは？

**増田**　２０１７年5月、アメリカが在イスラエル大使館をテルアビブからエルサレムに移転させて、国際社会を驚かせました。

**池上**　イスラエルは「エルサレムこそが自分たちの首都」と主張していますが、国連はその主張を認めておらず国際管理地としています。そもそもエルサレムはキリスト教・ユダヤ教・イスラム教の3宗教にとって大切な聖地。旧市街は現在4区域に分けられ、この3宗教とアルメニア正教徒が分かれて住んでいます。下手に刺激すれば争いに発展しかねず、だからこそイスラエルと国交を持つ各国もあえて大使館をエルサレムではなく、第二の都市テルアビブに置いてきたわけですが……。

**増田**　トランプ大統領が、その長年の体制をひっくり返してしまったと。当然ながらパレスチナは猛反発。１９９３年の「オスロ合意」では、将来的に和平協議によってエルサレムの位置づけを決めることが確認されていますし、自分たちが独立国家を樹立した暁には、東エルサレムを首都にしたいというのが彼らの悲願ですから。

**池上**　大使館移転もトランプ大統領の選挙公約のひとつでした。

**増田**　背後には、アメリカ経済界の親イスラエル派の人々の影響もあるんですよね。

**池上**　ええ。トランプ大統領の娘婿で大統領上級顧問のクシュナー氏がユダヤ人であること、そのため娘のイヴァンカさんもユダヤ教に改宗していることも影響していますが、長年ウォールストリートの金融街で影響力を持ってきたのはユダヤ系アメリカ人。大使館移転に伴う莫大な費用も、アメリカの熱心なユダヤ人が献金しています。

**増田**　知識人や科学者にもユダヤ系は多いですよね。私もこれまで多くのユダヤ人と会ってきましたけど、独特の雰囲気というか価値観を持っていますよね。

**池上**　たしかに。ちなみに佐藤優さんから聞いた話なんですけど、イスラエルの人々の間には「世界から同情されながら滅びるより、世界中から憎まれても生き延びる道を選ぶ」という考えがあるらしいんです。

**増田**　強い信仰心ですね。

**池上**　ホロコーストでユダヤ人は約600万人殺されました。世界中から同情されたけど、やはり滅びてしまったらどうしようもないと。

**増田**　もちろん穏健なユダヤ人もたくさんいますけどね。ユダヤといえば、私がイスラエルを訪れたとき、ちょうど安息日に当たってしまったんですよ。

**池上** シャバットですね、それはまたタイミングよく（笑）。

**増田** ユダヤ人の聖書（キリスト教の旧約聖書）には、神は6日間かけて世界をつくり7日目に休息したと記されており、そのため厳格なユダヤ教徒は6日間働き7日目は安息日とするとは知っていましたけど、本当に何もしないんですね（笑）。店も全部閉まってしまうし、ホテルのエレベーターも各階止まり。

**池上** ボタンを押すと電気を通す仕事をしたことになるから安息日は各階止まりの自動式。なかなか目的階にたどり着かない。

**増田** 現地在住の日本人から聞いた話ですが、ある日家の前に近所の人が立っていて、「どうしたんですか」と聞くと「ブレーカーが落ちてしまって、困っているんだ」とだけしか言わない。

**池上** ブレーカーを上げる作業も仕事にあたるからできませんし、「ブレーカーを上げてくれ」と人に仕事を依頼するのも仕事になるから、できないんですよね。だからちゃんと空気を読んでくれそうな日本人に声をかけたんじゃないですか。「あ、そう。大変ね」で立ち去ってしまわれたら、いつまでもブレーカーが上がらないから（笑）。

**増田**　なるほど、日本人は忖度《そんたく》しますからね（笑）。

## イエス・キリストも生粋のユダヤ人

**池上**　イスラエルではアラブ人が3K仕事を担っていますが、安息日に働けないユダヤ人の代わりに働く需要もあるんです。

**増田**　イスラエルとパレスチナは不穏なニュースばかり耳にしますが、私の取材時にはユダヤ人とアラブ人の子どもを一緒に学ばせる学校の取り組みも一部で始まっていました。

**池上**　だってこの3宗教、本来の元をたどれば同じ神様、唯一絶対神を信じているんですよね。神はヘブライ語で「ヤハウェ」、アラビア語では「アッラー」になるだけで。多くの人が誤解していますけど、イエスも生粋のユダヤ人です。彼は新しい宗教をつくろうとしたわけではありません。ユダヤ教には「この世の終わりには救世主が現れて導いてくれる」という救世主信仰がありまして、「イエスこそが救世主」と信じた弟子たちが「キリスト教」を生み出したわけです。

**増田**　つまり、「救世主はまだ現れていない」という立場がユダヤ教であり、「救世主はすでに現れた」と考えるのがキリスト教。そしてイスラム教徒は、「イエスはムハンマドと同じく大切な預言者」と考えていると。

**池上**　そう、だから案外イスラム教徒はキリスト教も大切にしているんですよ。

**増田**　パレスチナではモスクとキリスト教の教会が共存しています。イエスが生まれた場所とされる聖誕教会はパレスチナのベツレヘムにありますから、それらの教会を大切に守っているのは、パレスチナ警察。教会のすぐ前にはモスクがありました。

**池上**　パレスチナの今は亡きアラファト議長も、かつてはよくクリスマスのミサでベツレヘムの聖誕教会に顔を出していました。あれはもちろん西欧諸国に対するアピールなんですが、かといって別にイスラム教の教えに反しているわけでもない。イスラム教には「啓典の民」という言葉があり、「同じ神様を信じるユダヤ教徒もキリスト教徒も大切に扱わなければいけない」とちゃんと「コーラン」に書いてあるんですよ。だから、自称「イスラム国」などの過激派がユダヤ教徒やキリスト教徒を殺していますけど、大いに誤った解釈で、一般的なイスラム教徒は「啓典の民」に刃を向ける連中など正しいイスラム教徒ではないと批判しています。

▼フィリピン系移民のラピ氏。選挙活動時の戸別訪問に役立つソフトを開発した

——アメリカ編①

# ハイテクとアナログを組み合わせたアメリカの選挙活動とは？

▲戸別訪問で、民主党の候補者を応援するボランティアの選挙スタッフ

## 選挙権がない移民も選挙活動をしていた

**池上**　２０１８年11月に行われた、アメリカの中間選挙。ＣＮＮによれば投票率は49・３％で、１００年超ぶりの高い数字だそうです。増田さんは投票直前のアメリカ各地を取材されましたけど、やっぱり熱気を感じましたか。

**増田**　投票には行っても政治活動などしたことのないような普通の主婦が、隣の州まで選挙応援に出かけたそうです。ニューヨークで戸別訪問をしていた若い男性は、「選択肢はありません。トランプ大統領を止めなければ。それが答えです」と熱く語ってくれました。

**池上**　今の政権に対する危機感は、それほど強いんですね。民主党の支援者が熱心になれば、共和党の支援者も対抗して、投票率が上がるわけです。

**増田**　難民としてソマリアからやって来たアックメドさんという若い男性は、自分が住むオハイオ州の知事選で民主党候補の選挙活動を手伝っていました。ソマリア人は、トランプ大統領から名指しで攻撃されているからです。

16年の大統領選は、民主党のヒラリー候補が当選するだろうと高をくくっていたら、思わぬ結果に呆然としたそう。ただ、「みんなが政治に関心を持って、いろいろな行動を取るようになった。変化が訪れたのは、トランプさんのおかげです」と、言っていました（笑）。

**池上**　トランプ大統領の登場で政治に目覚めた、と語るアメリカ人は多いですね。

**増田**　ラピさんというフィリピン系移民の男性は、13年に国連の外交官としてアメリカに来たそうです。選挙権はないのですが、自分が大病を患ったときに保険がなくて経済的負担が大変だった経験から、民主党を応援していました。どんな応援かというと、戸別訪問でどの地域を何軒回ったか、パソコン上でわかるソフトを開発したんです。回った地域は、刻々と画面の色が変わっていきます。

ラピさんはニューヨーク在住ですが、激戦と言われたテキサス州の上院議員選に出たベト・オルーク候補を応援していました。民主党の星と言われる若い男性です。

**池上**　まだ46歳なのに下院議員を3期務め、演説が上手なので、〝オバマ2・0〟とも呼ばれていますね。

**増田**　最後の週末には3000人を動員して、30万軒の戸別訪問をしたそうですよ。

**池上**　1人が100軒ずつ回れば、合計で30万軒になる計算ですね。

**増田**　ベト・オルークさんが勝てばアメリカンドリームだという報道もあったんですけど、2・6ポイントの僅差で、共和党のテッド・クルーズ候補に負けちゃいました。

**池上**　しかし今後、必ず出てくる人です。当初は、全く勝ち目がないとみられていたんです。テキサス州は共和党の牙城だし、テッド・クルーズさんは共和党の大統領候補をトランプさんと最後まで争った大物ですから。ところが負けそうになったテッド・クルーズさんは、犬猿の仲だったトランプに応援を頼んだ。恥も外聞もありません。

**増田**　アメリカは有権者登録をしないと投票ができませんが、政治団体はその登録データをもらえるんです。個人情報がダダ漏れだと、批判もありますが。

ラピさんはそのデータを利用し、電話番号を入力すると、その人がどこに住み、どの政党を支持し、有権者登録をしているのかがわかるソフトも開発したんです。

**池上**　すごいハイテクですね。

**増田**　その先は、すごいアナログです（笑）。彼らは街に出て、一人一人に電話番号を聞いて回ったんです。投票権があるとわかれば投票に行くよう促す。中間選挙は投票率が低いので、塵も積もれば、という考え方です。

## 歴代の大統領候補が自主的に公表してきた納税申告書は諸刃の剣？

**池上**　全体の選挙結果はご存じの通り、上院は共和党が多数を維持して、下院は民主党が過半数を奪い返しました。「ねじれ状態」になったわけです。

　これまでは、ロシア疑惑や、ポルノ女優に口止め料を払うために選挙資金を使ったのではないか、といった疑惑を調べる委員会の設置を民主党が提案しても、多数派を占める共和党の反対で、ことごとく潰されてきました。

**増田**　これからは、下院の各委員会の委員長のポストを民主党が独占できます。委員長は調査権を持っているので、自由に調査できますね。

**池上**　注目は、歴代の大統領候補者が自主的に公表してきた納税申告書を、トランプ大統領が公開していない件です。民主党では、大統領候補を選ぶ段階でヒラリーさんが公表すると、「こんなに収入があるのか」とかえって批判されてしまいました。

**増田**　公表は義務ではないので、トランプ大統領は「そんなもの見せろなんて言っているのはメディアだけで、一般国民は関心がない」と言って、逃げていますね。

**池上**　今後、民主党は、下院の調査権を使って「内国歳入庁（ＩＲＳ）」、日本でいう国税庁に、報告を求めることができます。

**増田**　公表を嫌がった理由が、明らかになるわけですね。

**池上**　まだ憶測ですけど、前回の大統領選挙の直前の16年9月に「トランプ・インターナショナル・ホテル・ワシントンＤ．Ｃ．」ができたでしょう。ホワイトハウスから目と鼻の先で、外国の首脳がトランプ大統領に会いに来るときはこのホテルに泊まるので、利益誘導じゃないかと言われているんですが、その建設費のほとんどをドイツの銀行が融資しています。トランプ大統領は多くの事業でこのドイツの銀行から融資を受けていますが、実際にはロシア関係者が融資の保証や、融資そのものをしているんじゃないかという疑惑があるんです。

**増田**　トランプ大統領の収入の多くは、ロシアによるものではないか。そのために、納税申告書を公表できないのではないか。あくまで疑惑ですが、もしもそんな証拠が出てきたら、致命的でしょう。

**池上**　今後の展開にも注目ですね。

▼ミネソタ州の農家コリンズ氏が運転するコーン収穫時のコンバインの中で

## ――アメリカ編②
## 「一時的にお金をもらうことが何の解決になるのか」と語る農家

▲コルテス議員を支援する地元メキシコ料理店の店員(ニューヨーク州ブロンクス)

## 米中貿易摩擦の影響を受けるアメリカ農家が考えていること

**増田**　2018年12月1日、中国の通信機器最大手ファーウェイ（華為技術）の孟晩舟CFO兼副会長が、アメリカ政府の要請によりカナダで逮捕されました。10日ほどで保釈されましたが、8億5000万円相当の保釈金を払ったと報じられています。

**池上**　アメリカが経済制裁を続けているイランに向けて、ファーウェイの子会社がコンピューターの設備を販売した容疑です。

この事件自体はイランに対する経済制裁違反ですが、それとは別に中国がファーウェイの機器を使ってアメリカの機密を盗んでいるという疑惑もあります。

アメリカはファーウェイの進出に危機を募らせていますが、中国との通商交渉でも米中の対立が激化しています。

**増田**　米中首脳は18年12月にブエノスアイレスで会談を行い、年末にも電話で貿易摩擦の改善に向けて協議しました。その後、90日間の休戦状態を経て現在に至るまで、米中の駆け引きは続いており、今後のゆくえも不透明なままです。

**池上**　ところで、今回の写真では、増田さんはアメリカの大規模農場でコンバインに乗っていますね。

**増田**　はい。コーンと大豆を作っているミネソタの農家です。中国との貿易摩擦が農業の現場にどんな影響を及ぼしているか、取材に行ったんです。コーンを収穫中の畑で運転もさせていただきました。「テレビゲームが上手だったら運転できるはずだよ」と言われましたが（笑）、思った以上にハンドルが重くて、力仕事でしたね。

**池上**　公道じゃないから、運転免許は要らないわけですね。

**増田**　コンバインの後ろにどんどん積まれていくコーンの出来具合が、瞬時に運転席の画面に色分けされて出るんですよ。すごいハイテクです。農場は広大で、収穫の時期には毎日16時間もコンバインに乗るそうです。

**池上**　対中貿易の赤字を正すためと称して、トランプ大統領が中国製品に高い関税をかけました。それに対して中国が、アメリカ産大豆に25％の報復関税をかけた。中国の大豆消費量は世界一で、その3分の1がアメリカからの輸入だったのが、18年8月以降ほぼゼロになりました。当然、アメリカの大豆農家は大打撃を受けているはずですよね。

**増田**　私がお邪魔したのは、ご兄弟で経営する農場でした。中国向けの大豆が収穫の3割強を占めていたそうですが、その分が売れなくなった。相場も下がってしまった。しかし長期保存はできないので、アルゼンチンとか台湾とか、新しい買い手を探しているという話でした。ただ中国とは30年以上かけて、取引関係を築いたので、何とか復活させたいと。

**池上**　中国の土壌は大豆の栽培には適さないそうですからね。

**増田**　彼らは日本にも買ってもらいたいと言ってましたけど、日本は遺伝子組み換えをしていない大豆しか買いませんからね。

**池上**　遺伝子組み換え食品について、食の安全・安心と称して食べないのは日本くらいです。だから日本向けの生産農家だけが、遺伝子組み換えではない大豆を作っていて、日本はその分高く買ってくれます。

**増田**　だからこの農家も、品種の変更や改良を考えているそうですよ。

**池上**　トランプ大統領は、影響を受けている農家向けに多額の補助金を出すと言っていますけど。

**増田**　彼らは「そんなものは無駄だ」という意見です。「一時的にお金をもらうことが、何の解決になるのか」と。

**池上**　共和党の地盤ですから、トランプ大統領に裏切られた意識も強いのでは？

**増田**　実際には特に共和党支持というわけではなくて、このご兄弟も、自分たちにとって利益になる人に投票すると言っていました。現政権のソニー・パーデュー農務長官は、獣医師の資格を持ち、農業の現場にも詳しくて、この地方へも視察に来たことがあるそうです。信頼と期待ができるので、その人を支持しているという話でした。

## イスラム教徒やネーティブ・アメリカン、ヒスパニック系の女性下院議員が民主党から誕生

**池上**　それはそうとアメリカの地方へ取材に行くと、食事が困るでしょう。レストランなんて、どこにもないですよね。

**増田**　検索しても、何も出てこないんです。給油に寄ったガソリンスタンドで、スナック菓子を買って食べたり。

**池上**　どうしようもないハンバーガー屋さんがあるぐらい。マクドナルドを見つけると、ホッとする（笑）。

**増田**　今回の取材は1週間以上アメリカにいたんですが、ちゃんとしたご飯を食べたのは、最後に行ったニューヨークのブロンクスにあるメキシコ料理店だけでした。

**池上**　148ページの下にある写真が、そのお店ですか。アレクサンドリア・オカシオ・コルテスさんのポスターが写っていますね。18年11月の中間選挙に民主党から立候補して、史上最年少の女性下院議員になりました。

**増田**　オカシオ・コルテスさんはブロンクス出身で、ここは彼女の行きつけのお店なんです。1ドルとか2ドルの安さで食べられるものがいっぱいあって、しかも美味しい。

**池上**　オカシオ・コルテスさんについては118ページでも触れています。1年前までウエートレスをしていて政治経験も知名度もなく、ヒスパニック系で当時29歳の彼女が、民主党の予備選挙で現職の大ベテラン、ジョー・クロウリー下院議員を破って注目を浴びていたということでした。

**増田**　本選挙でも、共和党候補に圧勝しました。民主党では、イスラム教徒とネーティブ・アメリカンからも、史上初の女性下院議員が誕生しました。新しい風を、どんどん吹かせてほしいですね。

▼2017年にドイツミュンヘン市のノイバーラッハ近くに建設された壁

——ドイツ編①

# 騒音対策という名目でつくられた「ミュンヘンの壁」の正体

▲高さ約４ｍ、全長約100ｍの壁の内側には難民収容施設がある（写真右側）

## 新たにできた壁は分断の象徴か

**増田** アメリカでは2018年12月22日から、国務省、国土安全保障省、商務省、農務省、司法省など政府機関の一部が1カ月以上も閉鎖されました。1月下旬になって期限付きの再開となりましたが、今後も予断は許しません。異常事態ですね。

**池上** 原因はメキシコとの国境に築こうとしている「壁」です。トランプ大統領が議会に求めている総額57億ドル（約6300億円）という建設予算を、野党の民主党が認めずに対立。新たな予算が成立していないままに予算の一部が失効したためです。

**増田** ワシントン・ポストとABCが共同で行った世論調査では「政府機関の一部閉鎖は、民主党よりも大統領と共和党に責任がある」と考えるアメリカ人が過半数を占めていますけど、壁の建設は大統領選挙の公約でもあったし、トランプ大統領もそう簡単には引き下がれないという事情があったわけですね。

**池上** 19年は、東西の冷戦が終結して、ちょうど30年。1989年11月に「ベルリンの壁」が壊されたときは、戦争も対立もない世界が来ると期待したものですが……。

**増田** 「ベルリンの壁」がなくなったドイツに、今度は「ミュンヘンの壁」がつくられたと聞いたので、見に行ってきましたよ。

**池上** そもそも、私が出演したテレビ番組で扱ったテーマでしたね。世界のあちこちに、新たな「壁」ができている。ドイツは大勢の難民を受け入れているけど、ミュンヘンの収容施設の近くに住む人たちが、騒音対策という名の下に壁をつくったらしい。新たな分断の象徴ではないのかというので、スタッフが取材に行きました。

**増田** あの番組を見て、本当かなと思ったんですよ。調べてみると外国の通信社の配信記事もあって、地元は大騒ぎになっているというんです。しかも高さは4メートルくらいあって、ベルリンの壁より高いというではありませんか。「こんなものが、ドイツ国内のあちこちにつくられているんだろうか」と思って、実際に見ないと気が済まないから（笑）、行ったわけです。

**池上** 現地へ行くことの大切さ、ですね。

**増田** 難民の収容施設ですから、ミュンヘンといっても郊外です。場所がなかなか特定できませんでしたが、ようやく見つけて現地へ行きました。

**池上** それがこの、小高い場所に立っている壁の写真ですね。もう1枚の白い建物が、収容施設ですか。

## 金網の中に石が詰めてあるだけの簡素な防音壁だった

**増田** はい。壁の下は遊歩道みたいになっていて、周りは閑静な住宅街です。お散歩していたおじいさんに聞いたら、「騒音対策で議会に申請をして、認められたから防音壁ができたんだよ」ぐらいの話で、「ベルリンの壁」の再来かと騒ぐほど深刻な感じではないんです。壁の内側に広い敷地があるんですけど、「(当初この施設に入居する予定だった)若い男性の難民たちが、サッカーなどをしたらうるさいだろう」と考えたわけです。

**池上** 実際には、どんな人たちが入っているんですか。

**増田** 当初の予定とは全く違う、難民の女性を支援する団体が入っているそうです。パートナーからDVを受けたり、レイプの被害者だったり、赤ちゃんがいて生活が立ち行かない女性たちと子どもだけの施設です。だから特に騒がしくもなく、壁をつくる必要もなかったわけです。

また、あちこちの難民施設の周りに、壁がつくられているわけでもありませんでした。壁自体も、金網を組んだ中に石が詰めてあるだけで、金網を取れば簡単に壊せる仕組みです。車でミュンヘンの町を走っていたら、工事現場の周囲に同じタイプの壁をたくさん見かけましたよ。

**池上**　何事も、現地へ行ってみないとわからないものですね。ミュンヘンの人たちは、難民施設に抵抗感はないんですか。

## 「困っている難民は受け入れて助けよう」というのは元西ドイツ側の基本姿勢

**増田**　ミュンヘンはカトリックの人が多く保守的な地域。けれども、難民が大挙して押し寄せたとき、私も取材に行きましたが、大歓迎ムードでした。もちろん人によって違いはあるでしょうが、ユダヤ人を虐殺したナチスの歴史を背負っているから、困っている難民は受け入れて助けるべきだというのが、ドイツ人の基本的な姿勢ですね。

**池上**　南部に位置するミュンヘンは元は西ドイツですから、旧東ドイツの地方とは温度差がありますよね。東ドイツは社会主義で鎖国のような状態だったから、外国人との交流が全くありませんでした。西側に比べて経済的に遅れていたので、統一後も格差が残っていて貧しい。そこに難民や移民が入ってきて、自分たちの税金で手厚い保護を受けているのを見ると「私だって生活が苦しい。だったら我々の年金額を上げてくれ」と思っても仕方ないですよね。

**増田** 旧東側では、難民を排斥しようと主張する政党の勢力が伸びています。

**池上** 「ミュンヘンの壁」はこのような真相でしたけど、実際に「壁」をつくっている国もあります。たとえばハンガリーは、南部のセルビアとの国境で、バルカン半島を経由してやってくる難民の流入を防ぐフェンスの建設を進めています。「フィデス・ハンガリー市民同盟」という右派政権のオルバン首相は、ＥＵの難民受け入れ政策に反対しているんです。

**増田** ドイツでも極右政党の台頭が顕著です。２０１８年10月の地方選挙で与党が敗北し、難民受け入れに積極的だったメルケル首相の求心力が低下したためです。

**池上** ＥＵの未来にも関わる、大きな問題です。次項では、その話をしましょう。

▼ニュルンベルクで「反ペギーダ」を訴えていたのは女子中学生たちだった

——ドイツ編②

# 極右勢力が台頭している 元東ドイツ側で起きていたこと

▲排外主義の団体プロ・ケムニッツのデモ。横断幕は「私たちこそドイツの国民だ」

## 反難民の言い分は「生活費をもらいすぎ」

**池上** ドイツでは移民や難民を大勢受け入れるにつれて、排斥を訴える極右勢力も台頭していると報じられています。

**増田** 3つの町で行われたデモの様子を、取材してきました。その結果、移民に寛容なドイツでも社会の分断が進む深刻さを実感したと同時に、日本では報道されない現実も見ました。最初に行ったのは、ザクセン州のケムニッツという町です。

**池上** 東ドイツ時代の名前はカール・マルクス・シュタット。「カール・マルクスの町」ですね。でもマルクスとは何の関係もないから、統一後はさっさと昔の地名に戻したわけです。

**増田** ここで2018年8月、イラク人とシリア人の難民が、キューバ系移民のドイツ人と口論した末に刃物で刺し殺してしまう事件があったんです。翌日には6000人の極右勢力が集まってきて、一部が外国人を襲う大きな暴動に発展しました。動員したのは「プロ・ケムニッツ」という排外主義の市民グループで、「町が乗っ取られてしまう」と不安をあおっています。

**池上**　「プロ」は賛成という意味だから、「ケムニッツを愛する」みたいな団体かな。

**増田**　私が行ったときも「私たちこそドイツの国民だ」という横断幕を掲げて、600人くらいのデモが行われていました。参加者に声を掛けたら「マスコミ、ノー」。メディアはウソつき」と断られた中で、50代の男性2人だけが話をしてくれました。

ところが難民について誤解していて、「彼らは生活費を毎月1700ユーロ（約20万円）ももらっている。俺たちの年金は、その半分なのに」と言うんです。

**池上**　難民の人たちは、そんなにもらってませんよ。1人当たり7万円ぐらい。夫婦と子どもの家族だと、そのぐらいの合計額になるかもしれませんけど。

**増田**　家賃や諸経費を引かれるので、実際に渡される生活費は1人300ユーロ程度（月額）です。でもデモの参加者は、ネットの情報を信じているんです。

プロ・ケムニッツの広報担当をしている32歳の男性、ショッケさんにも取材を申し込んだのですが、ようやく会えたら、「難民や移民に門戸を開放していない日本は、危機管理がしっかりした素晴らしい国だと思っています」と言われてしまい……。

**池上**　複雑な気持ちになりますね。

**増田**　とても恥ずかしかったです。「ケムニッツにある3カ所の保育所では、預かる子どもの3分の2が難民の子だ」と言うショッケさんの話を聞いたあとにインタビューをした48歳の女性が、たまたま幼稚園の先生でした。「ドイツで育った子どもは、みんなドイツ人よ。国を乗っ取られるなんてナンセンス」と明るく答えてくれました。
　次は、ドイツ統一の日である10月3日に南部バイエルン州のニュルンベルクで行われた、「ペギーダ」という極右団体のデモに行きました。

## 極右団体（ペギーダ）のデモ参加者は30人、反・反難民は10倍の300人もいた

**池上**　「西洋のイスラム化に反対する欧州愛国者」。ドイツ語の頭文字を並べた略称が、ペギーダですね。難民が大勢入ってくると、ヨーロッパがキリスト教圏でなくなってしまうと主張し、14年から反イスラムの運動をしています。

**増田**　現地では、3時間も前から「ストップ！ペギーダ」を唱える反対派が集まって、人形劇を見ながらペギーダの集会を妨害する練習をしていました。象の人形が出てくると、みんなで笛を吹いたり太鼓を叩くんです。

**池上**　なるほど。ペギーダが来たら、一斉に邪魔するわけだ。

**増田**　ペギーダの参加者はたった30人。反対派は10倍の３００人でした。１６０ページの写真の女の子たちは、この活動に来ていた中学生です。右端の女の子が持っている段ボールの手作りプラカードを見せてもらうと、「ナチス」と大きく書いた下に×が付いていて、極右政党「ＡｆＤ」の青いロゴにも×が付いていました。

**池上**　ＡｆＤは「ドイツのための選択肢」という政党です。自国第一主義と反ＥＵを旗印に、勢力を伸ばしていますね。

**増田**　17年9月の連邦議会選挙で議会に初議席を得て、いきなり第3党になりました。18年10月の地方選挙で、16ある州のすべてに議席を持ちました。

**池上**　ペギーダはＡｆＤとは別の団体という建前ですが、反対派からは、本質は同じだ、別動隊じゃないかと言われています。

**増田**　ペギーダのホームページにはＡｆＤの党首の顔写真が出ているので、認めているようなものですけどね。

**池上**　この女の子たちは、ペギーダとＡｆＤはナチスと同じで問題だと考えているわけですか。

**増田** 話を聞いたら、「ネオナチのような差別は許せない」「二度と同じ過ちを繰り返してはいけないと勉強しています」「不安を解消するには行動するしかない」と口々に答えてくれました。

**池上** 中学生でも高い問題意識と行動力があるわけですね。

**増田** 3つ目のデモは、同じ日の午後です。移民や難民を排斥する動きに反対するデモを取材するために、バイエルン州のミュンヘンにあるオデオン広場へ行きました。参加者は2万1000人に達したそうです。

**池上** ミュンヘンはかつてヒトラーが活動を始めた場所ですね。

**増田** そうです。そしてオデオン広場はヒトラーが演説をした象徴的な場所です。このデモの主催者は「アタック」というグループで、2週間後にはベルリンで「反人種差別」を掲げる大規模なデモを実施して、24万人を集めています。

**池上** 日本にいると「反移民・反難民の極右勢力が伸びている」というニュースばかり見ますが、増田さんが現地で取材してみたら、ブレーキをかける人たちが大勢いたわけですね。

**増田** はい。反対勢力に若者や家族連れが多かったことにも、希望を感じました。

▼チェコとの国境・ニーダーバイエルン県の町に滞在する難民たち

――ドイツ編③

## ドイツにおける選挙の争点は移民・難民問題より環境や教育だった

▲ミュンヘンで開催されていたＥＵ擁護の集会。人々が掲げるのはＥＵの旗

## 政界からの引退を表明した独・メルケルの後継者とは？

**増田**　大国の次のリーダーがどんな人物になるかは、国を超えた関心事です。大統領選挙が20年に行われるアメリカのポスト・トランプはまだ不透明ですが、EUを牽引してきたドイツでは、アンゲラ・メルケル首相の後継者が見えてきました。

**池上**　メルケル首相は、21年秋の任期満了で16年務めてきた首相の職を退き、政界からも引退すると表明しました。所属政党「キリスト教民主同盟（CDU）」の党首は2018年12月にすでに辞任して、新党首に選ばれたのは、アンネグレート・クランプ＝カレンバウアー幹事長。「ミニ・メルケル」と呼ばれる56歳の女性で、CDUが与党であり続ければ、次の首相候補ですね。

**増田**　党首選では、CDUが従来の保守に回帰するか、中道寄りになったメルケル路線を継続するのか、が焦点でした。クランプ＝カレンバウアーさんが勝利したので、メルケル路線が引き継がれると思われました。

**池上**　ところが2月になってクランプ＝カレンバウアーさんは、党の会議やテレビ番組で、15年に数十万人の難民が流入して国内が混乱に陥った事態を「繰り返さないよう、最大限の努力をすべきだ」と語り、そのような事態が再来した場合は、国境閉鎖も「最終手段としてはありうる」と語りました。

**増田**　CDUは、難民・移民政策を厳格化して、保守層の支持を回復させたいようです。この会議に、メルケル首相は参加していません。

**池上**　メルケル首相の退陣は、18年10月の地方選挙で政権与党が大敗したことが原因です。増田さんは、この選挙も取材に行かれたんですね。

**増田**　ミュンヘンを州都とする南部バイエルン州と、フランクフルトを中心とする中部のヘッセン州で議会選挙がありました。私が行ったのは、バイエルン州です。

**池上**　ドイツは連邦制ですから、16の州ごとに議会があって、首相もいます。バイエルン州には「キリスト教社会同盟（CSU）」という地域政党があって、メルケル首相のCDUの姉妹政党です。だからCDUはバイエルン州議会選では候補者を立てず、CSUの応援に回ります。ちなみに「社会同盟」という名称ですが、社会主義政党ではなく、CDUより右寄りです。

**増田**　バイエルン州議会で戦後長く単独過半数を占めてきたCSUですが、今回は

37・2%の票しか得られませんでした。歴史的惨敗です。代わって台頭したのが、極右政党「ドイツのための選択肢（AfD）」と、左派の「緑の党」です。

**池上** ドイツでは、かつて多くの党が乱立した中でナチスが大きくなった教訓から、得票率5%を超えない政党は議席が持てない決まりです。AfDはあちこちの地方選挙に候補者を立ててきたけど、なかなか5%に届きませんでした。でも17年で連邦議会では野党第一党となったし、すべての州議会に議席を得たということは、支持が高まっているんでしょうか。

**増田** バイエルン州の得票率は10・2%、ヘッセン州では13・1%でした。もうひとつ注目すべき「緑の党」は、バイエルン州で17・6%、ヘッセン州では19・8%の得票率です。つまり、AfD以上に勢力を拡大しているんです。緑の党は、移民や難民の受け入れに積極的だし、EUにも肯定的です。

**池上** ヘッセン州では、メルケル首相が直々に率いるCDUが大きく議席を減らしました。原因は反移民・反難民感情の高まりだと日本では伝えられましたけど、中道の票が右と左へ極端に分かれたわけですか。

**増田** はい。それに、移民や難民の問題は、選挙の大きな争点ではなかったんですよ。

大気汚染を改善するためにディーゼル車を電気自動車に変えるとか、教育問題とか、生活に根差した政策が問われていました。

**池上**　日本の地方選挙も同じですが、大きな理想を掲げても票にならないんですよね。自動車産業が盛んなドイツでディーゼル車を禁止すれば、仕事にも暮らしにも影響します。

## かつて難民が押し寄せたチェコとの国境にある農村の今

**増田**　ですから、メルケル路線が完全に否定されたわけでも、ドイツ国民がEUに背を向けたわけでもありません。EUの旗が並んだ集会の写真はミュンヘンで撮ったものので、「EUは素晴らしい。EUを守っていこう」という主張をしています。

お話を聞いたら、「お互いに助け合わなきゃ、ヨーロッパは成り立たないんだから」「70年以上も戦争がなかったのは、EUのおかげだよ」と言っていました。参加者みんなで「欧州の歌」を歌ってましたよ。

**池上**　ベートーヴェンの第九「歓喜の歌」を基に作られた、欧州統合の象徴ですね。

**増田**　バイエルン州の与党CSUを支持してきたのは農家の人たちだと聞いて、ミュンヘンから車で2時間くらいのところにあるニーダーバイエルン県レーゲン郡を訪ねました。人口7万7000人ほどの農村で、養豚農家の方や乳牛農家の方に取材しました。

**池上**　この辺はチェコと国境が接していて、15年に難民がたくさん押し寄せたところですね。

**増田**　今もまだ120人くらいの難民が、使われなくなったホテルの収容施設で暮らしながら、処遇が決まるのを待っているそうです。

**池上**　ドイツでは、難民申請をしてから認定が出るまで平均半年だそうですが、何年も待っている人たちもいるんですね。

**増田**　今回の取材で感じたのは、100万人の難民を受け入れたドイツでは、国民一人ひとりが自分で考え、行動を起こしているということです。

▼ハンガーストライキの末に死亡したIRAの活動家ボビーサンズの肖像画

——北アイルランド編①

# ブレグジットで争点となっている北アイルランドとアイルランドの国境

▲首府ベルファストのカトリック教徒が住む地区から見た「平和の壁」

## ブレグジットの最大の争点はアイルランドにおける国境問題

**池上**　イギリスのEUからの離脱、いわゆるブレグジットは、いったんは2019年3月29日と決まっていましたが、期限を過ぎても混乱が続きましたね。

**増田**　EUとの合意がないまま離脱に踏み切れば、急に関税が上がったり物流が滞ったり物価が上がったりして、イギリス経済と国民生活は大打撃を受けるためです。

**池上**　「離脱延期はしない」と明言していたメイ首相が、2月末に延期の可能性を示唆しただけで、イギリスポンドのレートが上がりました。世界経済も、それだけ敏感になっていたということです。

**増田**　最大の焦点は、イギリスの一部である北アイルランドと、EU加盟国アイルランドの国境問題ですね。現地はどうなっているのか、北アイルランドの首府ベルファストへ取材に行ってきました。

**池上**　離脱によって貿易のルールが変われば、税関や検問を行わなければいけません。でも厳しい国境管理はやりたくないという点で、イギリスとEU側は一致しています。

これには、歴史的な背景があります。

そもそもブレグジットのきっかけは、ポーランドなどの東欧諸国から移民が大勢入ってきて仕事を奪われ、公共サービスや社会保障にもしわ寄せが生じて、暮らしが悪くなっている、とイギリス人の不満が高まったことでした。

**増田**　これまで通り国境を自由に行き来できるなら、移民の人たちは一度アイルランドに行けば、北アイルランドへ簡単に入れるので、ロンドンへも行けます。それでは離脱する意味がないので、アイルランドとの国境が注目を集めてきたわけですね。

**池上**　EU加盟国はアイルランドをはじめ大半がカトリックですが、イギリスは袂《たもと》を分かってプロテスタントのイギリス国教会をつくりました。北アイルランドには両方が住んでいて、お互いを殺し合った長い紛争の歴史があります。イギリスとEUは、国境を分断することで紛争が再燃することを恐れています。

**増田**　16世紀の国王ヘンリー8世が、王妃の侍女と再婚するためにつくったのが、イギリス国教会です。

**池上**　カトリックは離婚ができませんから。

**増田**　現在のチャールズ皇太子がダイアナ妃と離婚して、カミラ夫人と再婚できたのも、ヘンリー8世のおかげです。

**池上**　イギリスがアイルランドを併合すると、プロテスタントの入植者が北アイルランドにたくさん入りました。その影響で、アイルランド独立の際に、北アイルランドはイギリスに残ったんです。

しかし、ここに住むカトリックの人たちはアイルランドと一緒になりたい。支配層のプロテスタントに虐げられたせいもあり、統一を目指して立ち上がります。その中の過激派がアイルランド共和軍（ＩＲＡ）という軍事組織をつくって、イギリスに対するテロ活動を始めました。

**増田**　サッチャー元首相やエリザベス女王まで暗殺する計画があったんですよね。

**池上**　１９７０～80年代は、ロンドンでもしばしば爆弾テロがあり、プロテスタント側も対抗して、アルスター義勇軍をつくりました。文字通り、血で血を洗う争いです。

## 全長20㎞にも及ぶとされる「平和の壁」は平和の象徴と言えるか

**増田**　３５００人以上の犠牲者を出した末に和平が成立したのは、98年。双方が完全に武装を放棄したのは、２０１０年のことです。

**池上**　和平が実現した理由として大きいのは、93年に発足したＥＵにイギリスもアイルランドも加盟したこと。国境がなくなったので、北アイルランドが、わざわざイギリスから分かれてアイルランドと一緒になる必要が薄れたのです。

**増田**　国境はなくなったはずですが、実際にベルファストへ行ってみたら、町のあちこちに壁が立っていました。繁華街やビジネス街にはないんですが、住宅街では、カトリック教徒が住む地区とプロテスタント教徒が住む地区を隔てています。

**池上**　敷地を囲うフェンスのようなこの写真が、その壁ですね。

**増田**　はい。これはカトリック側から写した写真で、向こう側がプロテスタント地区です。レンガでできていたり、有刺鉄線だけだったり、場所によって、壁のつくりや高さはまちまちです。昼間は自由に行き来できるんですが、夜になると自動的にゲートが閉まります。

**池上**　和平が成立して、みんな仲よく暮らしているのかと思ったら、こんな壁をつくっていた。

**増田**　住んでいる地域も、子どもたちの通う学校も別々。それでいて、名前は「平和の壁」。

**池上**　紛争が起こらなくなった理由は、壁をつくってお互いの生活を分断したからなんですね。もともとイギリス軍がつくったものですが、むしろ和平成立後に市内のあちこちに増えて、合計すると20キロの長さになるとか。

**増田**　カトリック側の壁には、独立運動やイギリスへの抵抗運動をした人たちの絵が、ずらっと描いてあって、観光地になっているんです。獄中でハンガーストライキの末に餓死したＩＲＡの活動家ボビー・サンズの肖像が描かれた有名な建物も、この近くにあります。

**池上**　殉教者と呼ばれている英雄ですね。服役中にイギリス下院議員に立候補して当選しましたが、亡くなったので登院はできませんでした。少数派のカトリックの人たちは、抗議も含めて壁に絵を描くわけですね。

**増田**　ところが、プロテスタント側の壁にも、絵はあるんです。

**池上**　つまり支配層と思われている側にも、不満や訴えたいことがあるわけだ。

**増田**　現地を取材してみて感じるのは、誰もが満足する暮らしを実現するのは難しいということです。どんな国や地域でも歴史の影響は避けられません。

▼首府ベルファストのプロテスタント地区の住宅に描かれた、イギリス軍兵士

## ――北アイルランド編②
# ＥＵ離脱案の支持者に広がる「ブレグレット」とは？

▲プロテスタントとカトリックの地区を隔てる壁のゲートは夜に閉まる

## 離脱後も「厳しい国境管理はしない」という点でイギリスとEUは合意している

**池上** 前項に続いて、本項も北アイルランドの首府ベルファストの話です。アイルランドに多いカトリックが住む地区と、イギリス国教会のプロテスタントが住む地区には、間を隔てる壁があるんですね。

**増田** はい。昼間は自由に行き来できるんですが、夜になると自動的にゲートが閉まります。「平和の壁」と呼ばれているんですけれども。

**池上** 前回はカトリック側の写真で、壁や家屋には、IRA（アイルランド共和軍）など北アイルランド独立のために闘った人たちの肖像画が描かれていたんですね。

**増田** 今回はプロテスタント地区です。こちら側は反対に、IRAに殺されたイギリス軍兵士などが描かれています。ここへ連れて行ってくれたタクシーの運転手さんは、1985年生まれのプロテスタントの方でしたが、高校に通う途中で、マスクをした3人組に人が殺される場面を見たそうです。16歳のときだったとか。

**池上** 「ベルファスト合意」で和平が成立したのは98年だから、そのあとの話ですね。

**増田**　そうなんです。そんな事件が頻発していて、北アイルランド紛争はなかなか収まらなかったようです。彼は公平に話をしてくれたんですが、言葉の端々から、やっぱりプロテスタント側の人だと伝わってきます。自分の体験や思いは、消しようがないですよね。

**池上**　72年に、北アイルランド2番目の都市ロンドンデリーで、非武装のデモ隊にイギリス軍兵士が発砲して14人が亡くなる「血の日曜日事件」が起こりました。19年3月になって、兵士のうちの一人が殺人罪で訴追されました。

**増田**　47年も経ってからですか。紛争の痕跡は「平和の壁」だけでなく、人々の記憶にも刻まれているんですね。

**池上**　イギリスのEU離脱交渉における最大の懸案が、そのアイルランドとイギリス領である北アイルランドの国境問題です。

**増田**　北アイルランド紛争を再燃させないために、離脱後も厳しい国境管理はしない。その点で、イギリスとEUは合意しています。しかし離脱後は、国境を越えて物が移動すると関税がかかります。税関や検問所をつくらず、物流を滞らせず、どうやるのかといった問題の解決策が見つからないんですね。

**池上**　2018年11月にメイ首相とEUは「当分イギリスがEUの関税同盟に残って、国境は開放しておく。北アイルランドだけは、製品の規格などをEUのルールに合わせる」という協定案で合意しました。これなら国境で税関手続きをしなくてすみます。
　ところがイギリス国内で「それでは、今後もEUの言いなりだ。離脱にならないじゃないか」と反発する声が上がりました。18年末の世論調査だと、この協定案を支持する国民は15％くらいしかいませんでした。議会でも、19年1月15日、3月12日の2度にわたって否決されました。

**増田**　議会の反対派には、メイ首相が党首を務める保守党の議員も多かったですよね。

**池上**　「主権回復」を訴える、強硬離脱派と呼ばれる人たちです。メイ首相は保守党の中で、実はEU残留派だったんだよね。

**増田**　3月の議会演説では声がかすれていて、可哀そうでした。

## 複数の国がひとつになった
## イギリスには相応の懸念がある

**池上**　これも世論調査ですが、「この協定案には反対だが、保守党の代わりに労働党が政権を取っても、いい案が出るとは思わない」と考える人も多い。

**増田**　イギリス国民も、どうすればいいかわからないんですね。

**池上**　「あの国民投票は間違いだったかどうか」という世論調査では、「間違いだった」という回答のほうが多かった。イギリスのEU離脱を意味する「ブレグジット（Ｂｒｅｘｉｔ）」は、Ｂｒｉｔｉｓｈ（英国の）＋ｅｘｉｔ（離脱）を組み合わせた造語ですが、国民投票のあとｒｅｇｒｅｔ（後悔）を組み合わせた「ブレグレット（Ｂｒｅｇｒｅｔ）」という言葉が流行りました。離脱に賛成票を投じたことを後悔する国民は、ますます増えるかもしれません。

**増田**　イギリス議会は19年3月27日に、首相の協定案に代わる8つの議員案への投票を行いました。その中には「2度目の国民投票を行う」という案もありましたが、どれも賛成が過半数に届かず否決されてしまいました。

**池上**　メイ首相はこれを受けて、議会で2度否決されているEUと合意した離脱協定案が、3度目の採決で可決されれば辞任すると表明。自らの退陣を切り札に、不退転の覚悟で望みましたが、29日に行われた3度目の投票では再び否決されてしまいました。

**増田**　もしも合意できないまま離脱してしまうと、北アイルランドに住むカトリックの人たちが怒って、独立運動や紛争が再燃するおそれがあります。

**池上**　北アイルランドがアイルランドと再合併という事態まではないでしょうが、独立の動きはスコットランド独立の動きを刺激するでしょう。スコットランドにもイギリスから独立したいと考える人が大勢います。

**増田**　スコットランドの方にお話を聞きましたが、「タイミングは今じゃないけど、いつか絶対に」と言っていました。

**池上**　自分たちはスコットランド人だという自負があるんです。公用語は英語とゲール語だし、スコットランド銀行は独自に紙幣を発行しています。イングランド銀行が出しているポンドはエリザベス女王の肖像画だけど、スコットランドポンドには地元出身の経済学者アダム・スミスも描かれています。

**増田**　イギリスはもともと別々の国がひとつになったわけで、住んでいる人には、自分たちの歴史がありますからね。

▼ゲットーの自治会長をしているパレスチナ難民のイブラヒム氏

——デンマーク編

# 「幸せな国」にも広がる不寛容の潮流

▲ゲットーの前で会ったムスリムのドイツ系移民。暮らしやすさを求めて移住した

## デンマークに現れた「ゲットー」

**増田**　2018年8月、NHKのニュースを見ていたら、デンマークでイスラム系の移民が「ゲットー」に押し込められている、というリポートが放送されていて、どういうことだろうと思ったので取材に行ってみました。

**池上**　ゲットーと聞けば、ナチス・ドイツがユダヤ人を強制的に住まわせた地区や収容所を連想しますね。

**増田**　デンマークは福祉国家として有名で、国連の「世界幸福度報告」で何度も1位になっている、他国にとってお手本のような国です。移民や難民にも、ずっと寛容でした。

**池上**　約580万人の人口のうち、現在は移民が9％弱を占めています。移民は働かず、税金を払わずに福祉を受けているという怒りが、次第に国民の間に募ってきたんでしょうね。

**増田**　充実した福祉は、国民が高い税金を負担するおかげで成り立つ制度ですからね。

**池上**　15年6月に就任したラース・ルッケ・ラスムセン首相と与党「自由党」は、移民排斥を訴える右派の「デンマーク国民党」と組んで、移民に厳しい政策を次々に打ち出しています。

**増田**　まず16年に、難民申請をした人の現金や所持品が1万デンマーククローネ（約17万円）を超える場合、国が没収できる法律が作られました。

**池上**　難民を支援するために国のお金を使うのだから、難民からも出してもらおうという理屈です。しかし、ナチス・ドイツがユダヤ人の財産を没収したことを思い出させる、という批判も受けました。

**増田**　18年3月に発表した政策が「ゲットー・プラン」です。まず、移民や難民が住民の半数を超えていて、失業率も高い国内30カ所を「ゲットー」に指定しました。そのうえで「ゲットーの住民が犯罪を起こしたら、2倍の刑罰を与える」「ゲットーの住民で生活保護を受けている者は、受給額を減らす」などと、彼らを狙い撃ちする内容になっていますね。

**池上**　表向きは、ゲットーの住民をデンマーク社会に溶け込ませて、貧困や犯罪を減らすための政策です。しかし記者から「ゲットー・プランは差別的だという批判もある」と指摘されたラスムセン首相は、「ある部分では差別だと認める」と答えています。

**増田** ゲットーに住む子どもが1歳になったら、週に25時間の公共教育を受けさせることも義務付けられました。イスラム教徒の子どもたちに、デンマークの言葉や男女平等などの価値観を学ばせるんです。クリスマスやイースターなど、キリスト教の伝統を教えることも含まれています。

**池上** 改宗しろとまでは言っていませんが、義務を果たさない親には児童手当の支給を停止するというのだから、かなり強権的です。増田さんは、首都コペンハーゲンのゲットーへ行ったんですよね。

## 適応して良好な生活を送る人も

**増田** 私が見たテレビのリポートでは、ゲットーに集められた住民が不満を持っているという印象を受けたので、本当にそうなのかと思って取材に行ったんです。

ゲットーの自治会長をしているパレスチナ難民のイブラヒムさんにインタビューしました。彼の部屋は本当にきれいで、壁にコーランのことばがアラビア語で書いてありました。
イブラヒムさんは「ゼロからスタートしたデンマークでも、私のように努力が報われて良好な生活を送っている人がいる一方、適応できない難民・移民の人たちもいて、どんな助けを必要としているか、伝わっていないこともある。私が自治会長になってから、話し合う努力を続けた結果、この地域の犯罪率が、5年間で2％以上下がった。対話が足りないから誤解も生じるのでしょう」と言います。
移民を支援する施設も訪ねました。とても清潔な雰囲気で、宗教に合わせた食事の提供もあり、語学レッスンの時間もあります。同じ境遇にある人たちと話をしたり、情報交換をしたりする場にもなっています。
ベビーカーの女性は、ゲットーの前で会ったイスラム教徒のドイツ系移民。暮らしやすさを求めてやってきたそうです。

**池上** 現地へ行ってみたら、報道の通りではなかったわけだ。

**増田** 隔離されたゲットーに押し込めるのではなく、むしろ町の中に住む場所をつくって、社会に溶け込めるようにという動きが強まっていました。

**池上** 18年12月には、さらに過激な政策を発表したそうですね。犯罪歴などの理由で難民申請を却下され、出身国からも受け入れを拒否された人たちを、無人島に施設を造って収容するというんです。対象者は約100人だそうですが。

**増田** しかもその無人島は過去に、動物の伝染病の研究所が置かれていた島だというでしょう。インガー・ストイベア移民統合相はフェイスブックで、「彼らはデンマークに必要ない存在であり、自分たちもそのことを思い知るだろう」とまで述べています。

**池上** デンマーク国民党の広報担当者も、「我々の望みは、デンマーク以外の国の人々に、デンマークがあまり魅力的な亡命先ではないと理解してもらうことだ」とはっきり言いました。

**増田** デンマークは第2次世界大戦でナチスに占領されましたが、市民が協力してユダヤ人を守ったという誇るべき歴史を持っています。確かに、犯罪歴のある人まで無条件に受け入れる義務はないのかもしれませんが、人権を侵すような強い発言は気になります……。

**池上** デンマークよおまえもか。「不寛容」は、すっかり世界の潮流になってしまいましたね。

▼黄色いベスト運動を立ち上げメンバーの一人、プリシリア・リュドスキー氏

——フランス編

## 「黄色いベスト運動」の実態とは？ 大臣がデモ参加者と対話する場面も

▲2019年1月15日から2月末まで開催された市民懇談会の様子

## 「黄色いベスト運動」での要求は十人十色!?

**増田** フランスで、マクロン政権に抗議する「黄色いベスト運動」が始まったのは、2018年の11月。17日の一斉デモには、全国2000カ所以上で28万人が参加しました。日本ではあまり報じられなくなりましたが、半年以上が経っても、必ず毎週土曜日に行われていました。

**池上** きっかけは、ディーゼル車の軽油などにかかる燃料税の引き上げに対する、労働者の抗議でしたね。デモの参加者に多かったドライバーが、車への常備が義務付けられている蛍光色の黄色いベストをシンボルとして着用したことが運動の発端です。

マクロン大統領は18年12月に燃料税引き上げの延期や最低賃金の引き上げを発表しましたが、事態は収拾せず、デモ隊の一部が暴徒化して、警察が催涙ガスを使ったり、逮捕者も大勢出たりしました。19年3月にはパリのシャンゼリゼ大通りで、銀行や高級ブランド店への放火や略奪がありました。

**増田** 現地へ取材に行ってわかったのは、パリで暴動を起こしている人たちはそのためにパリ郊外からやって来る特定のグループで、大半の市民はルールに則り、各自の不満や要求を合法的に訴えていることです。女性の権利に関して要求していたり、マクロン退陣を求めていたり。同じ黄色いベストでも、それぞれ違う主張があるんです。

**池上**　破壊や放火が報道でクローズアップされたせいで、一面的な図式でしか捉えられていないんですね。

**増田**　スペイン国境に近い南西部のトゥールーズへも取材に行きました。ここはこの地方の中心地で、不満を抱えた周辺地域の住民たちが集まりやすく、暴動が起こって商店街にかなりの被害が出たんです。トゥールーズの歴史をたどると、1930年代のスペイン内戦時に移り住んだ活動家も多く、暴動の背景にはそうした人たちの影響もあるのではないかと地元商店街の会長は言っていました。

**池上**　ファシストのフランコ将軍に対抗して戦った人たちですね。民主主義者だけでなく、共産主義者や無政府主義者もいました。共産主義的に考えれば、マクロンのような富裕層優遇政策には当然反対だし、無政府主義者は何かあれば破壊活動に走ります。フランスにも無政府主義の伝統がありますから、シャンゼリゼ通りの暴動はその延長というわけですか。

**増田**　２０１９年４月15日にパリのノートルダム大聖堂が火災に遭いました。黄色いベスト運動は、あのときに再び盛り上がりました。

**池上**　マクロン大統領が「みんなで力を合わせて大聖堂を再建しよう」と呼びかけたところ、わずか10日で８億ユーロ（約１０００億円）も集まった。その大半が資産家からの寄付だったために、「ノートルダムは支援するのに、哀れな市民には何もないのか」と反発を招いたんです。

**増田**　写真は、パリにある「海外県・海外領土省」という官庁の前で撮ったものです。黄色いベスト運動を立ち上げたメンバーの一人である女性が、海外県は経済状況が悪いのに置き去りにされている実態を訴えようと、テレビのインタビューに答えている様子です。

**池上**　フランスは大西洋やインド洋に、元植民地の県や領土を今も持っていますから。

**増田**　土曜の昼だというのに、女性のアニック・ジラルダン海外県担当大臣が出てきて、デモ参加者と対話を始めました。「私たちも問題は把握していますし、努力もしています。しかし、皆さんの話を聞くことは大切だし、言いたいこともわかる。黄色いベスト運動は悪いことではありません」と語ったんです。デモの警備に当たっていいた警官に聞いても「市民にはデモをする権利がある。マナーさえ守ってくれればね」と言われました。

**池上**　さすがは、市民が主導してフランス革命を成し遂げたお国柄だね。驚き。

## 指導する政党やリーダーがいれば妥協案が探れるが……

**増田**　運動が政権への反対だったら、野党が中心になっていそうなものですが、政党の役割は薄れています。ルペン党首が率いる国民連合の方にお話を聞いたのですが、「私たちはもう、何をやっていいかわからない状態です」と困惑していました。

**池上**　思想的な右も左も政党もなく、現状に対する各々の不満が噴出しているのが、この運動です。

**増田**　ネット社会特有の現象ですよね。SNSの呼びかけで勝手に集まるので、過激な思想や単なる暴徒も紛れ込んでしまう。

**池上**　指導する政党やリーダーがいれば、その人と話し合えば妥協が成立します。それができないから、マクロン大統領は19年1月から国内各地を行脚して、約2カ月間、

「国民大討論」と銘打った対話集会を開きました。

それとは別に、民間団体があちこちで「市民懇談会」という集会を開いていたそうですね。

**増田** はい。私がパリで取材に行ったうちのひとつは、土曜日の朝9時から夕方4時過ぎまで、地域の図書館で行われていました。その日は「市民性とは何か」というテーマ。人権や、市民の義務と権利について、午前中はグループに分かれて話し合い、午後は意見を集約していました。結果は、政府に提言すると言っていました。

**池上** フランス人は、真面目な議論ができるように教育を受けていますからね。高校卒業資格検定試験に、必ず哲学の長文記述問題が出る国ですから。

**増田** 結果として、4月25日にマクロン大統領は50億ユーロ（約6200億円）規模の所得税の大幅削減などを発表しました。

**池上** 既成の政党や議会や政府がどんどん力を失っているのは、フランスに限った話ではありません。SNSから発生するという意味では、これから先進国のあちこちで、黄色いベスト運動と同じような市民運動が起こる可能性がありますね。

▲19年1月下旬、パリのレピュブリック広場にて、黄色いベスト運動の人たちが欧州議会選挙に候補者を立てるためのアンケートを取っている様子

# 右翼ポピュリズムのEU懐疑派が躍進？
## ——欧州議会選挙編

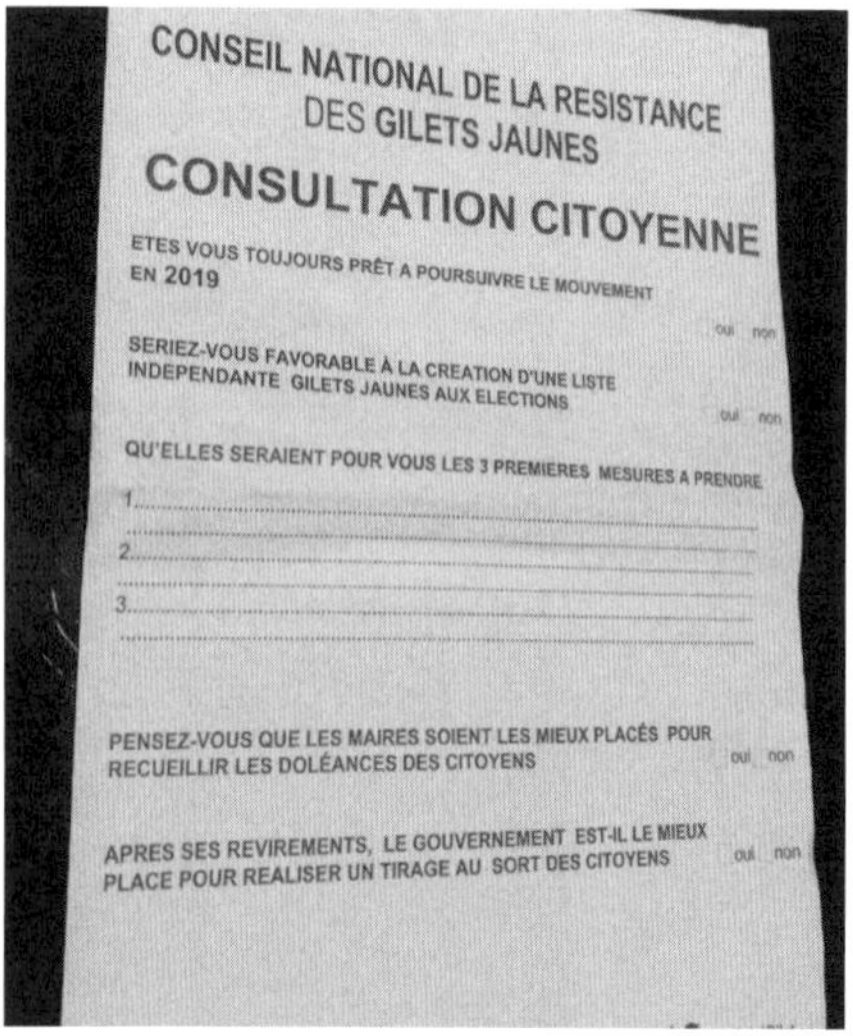


▲アンケート用紙「私たちが政党をつくるとすれば、どんな政策を希望しますか」などが書かれている

2019年5月末、5年に一度の欧州議会選挙が行われた。欧州連合(EU)に加盟する全28カ国の有権者数は、約4億2000万人。751の議席数は人口比で国ごとに割り振られ、多い順からドイツ96、フランス74、イギリス73となった。

## 注目が集まった欧州議会選挙

**池上** 欧州議会では、各国から選ばれた議員は、似た主張や政策を掲げる他国の議員と一緒に会派を組みます。

**増田** しかし、EU全体の法律や予算案に修正を求める程度で、決定権は大きくありません。

**池上** そうなんです。遠い将来、EUが本当の欧州合衆国になったときに議会として機能することが目的ですから。

だからある種の人気投票みたいになっていて、投票率は国内の選挙よりかなり低いですね。

**増田** 投票率が低いと、必ず投票に行く熱心な支持者を持つ極右政党が伸びるんですよね。

**池上**　自国の議会ではないから、自分たちの生活に直接関係がない。というので、一般の人はあまり投票に行かないんです。

**増田**　しかし今回は、移民や難民の受け入れ問題が各国で深刻化している現状を受けて、右翼ポピュリズムの「EU懐疑派」と呼ばれる政党がどこまで議席を増やすか、特に注目が集まりました。

**池上**　自国第一主義を掲げて勢いを増してきた、ドイツの「ドイツのための選択肢」、フランスの「国民連合」、イタリアの「同盟」と「五つ星運動」、ポーランドの「法と正義」などですね。

しかし、自国ファーストを個別に唱える右翼同士が、EUの進める連携に反対するために、欧州議会では団結して対抗しようということ自体、何か不思議です（笑）。

**増田**　その意味では、意外な結果となりましたね。反EUは確かに伸びたのですが、予想されたほどではありませんでした。

**池上**　親EUや、環境保護を訴える政党も伸びたためです。

イギリスでは予定通り3月末にEU離脱が実現していれば、この選挙には参加していないはずですから、結党されたばかりの「ブレグジット党」が3分の1近い票を集めました。

**増田** ドイツでは、環境保護を訴える「緑の党」が議席を11から21に増やして、第二党となりました。注目された「ドイツのための選択肢」は、得票率11・0％にとどまって、議席は4つ増えただけの11でした。極右政党は頭打ちだなというのが、この選挙結果を見た私の感想です。

**池上** 中道勢力は過半数を割ったものの、多数派は維持しました。今後のEUは移民・難民政策を含めて、現在の方針を維持することになりそうです。

**増田** 私が気になるのは、ドイツの「社会民主党」が、27から16へ大きく議席を減らしたことの影響です。同時に行われたブレーメン州の議会選挙でも歴史的な大敗を喫したため、ナーレス党首が辞任しました。

社会民主党はメルケル政権と大連立を組んできましたが、次の党首次第では連立解消に向かうのでは、と言われます。そうなるとメルケル首相は、辞任を決めている2021年まで任期を全うできるかどうか。

## 欧州議会選挙におけるフランスの結果は？

**池上**　フランスでは、ルペン党首率いる国民連合が23・31％の得票率で第一党となって、マクロン大統領の与党「共和国前進」は22・41％で、第二党にとどまりました。

**増田**　14年の前回選挙でも、国民連合（当時は国民戦線）は24議席を取って、第一党だったんですよ。得票率は24・86％でした。共和国前進は16年の設立ですから、前回は参加していません。ですから国民連合についても、「勝った」というより「伸びなかった」という見方が正しいと思います。

**池上**　増田さんが取材に行った「黄色いベスト運動」の参加者も、19年1月には、欧州議会選挙に79人の候補者を立てると発表していました。世論調査では支持率13％で、国民連合を上回っていました。

**増田**　1月下旬にパリのレピュブリック広場へ取材に行ったとき、ちょうど黄色いベスト運動の人たちがアンケートを取っていました。今回の写真は、その様子と、アンケート用紙です。内容は「あなたたちは、今の政治に対して何が不満ですか」とか「私たちが政党をつくるとすれば、どんな政策を希望しますか」というものでした。その時点では政党の形をつくろうとしましたが、立候補は難しいだろうという観測も1月末にはすでに出ていたんです。欧州議会はそのような市民運動からも候補を立てようと思える余地のあるものなんです。

**池上**　EUについては「ユーロ圏共通予算」や「欧州軍」の創設で役割を拡大しようというのが、マクロン大統領の考えです。しかし「イギリスの離脱をどうするかで手いっぱいになって、改革が全然進まない」という不満を持っているようです。

**増田**　「合意なき離脱となったら大変な混乱を招くから、イギリスにもう少し時間をあげよう」という意見が大勢なのに、マクロン大統領は「時間をかけずに、さっさとブレグジットさせろ」と主張してきました。EUのメンバーからは、冷ややかに見られています。

**池上**　メルケル首相に代わるEUのリーダーとして期待されるのはマクロン大統領です。しっかりしてもらいたいですね。

# 今こそ600年続いたオスマン帝国の知恵を再考しよう

——トルコ編①

▲世界遺産でもあるアヤソフィア内にあるモザイク画の「ディーシス」

▲イスタンブールにあるアヤソフィア内。預言者ムハンマドやアッラーを表すアラビア文字が書かれた円盤状の装飾と聖母子像が同居している

2019年6月23日に、トルコのイスタンブールで市長選挙がやり直されたが、エルドアン大統領（65）率いる与党「公正発展党」は、再び敗れた。前回の選挙での得票率は0・25ポイント差だったが、この選挙では9ポイントもの大差をつけられた。イスラム主義色の強い公正発展党に対して、野党の共和人民党は世俗派と呼ばれるが、世俗派がイスタンブール市長の座に就いたのは四半世紀ぶりだ。

## エルドアン大統領率いる与党は敗北した市長選のやり直しでも敗北

**増田**　そもそも、19年3月31日に行われた統一地方選挙で最大の焦点と言われたのが、首都アンカラと最大都市イスタンブールの市長選です。

**池上**　アンカラでは最大野党・共和人民党の新人ヤワシュ候補が勝ち、イスタンブールでも共和人民党のイマモール候補が、元首相のユルドゥルム候補に0・25ポイント、約1万4000票差で勝利しましたね。

ところが与党側は、不正があったとして票の数え直しを要求したうえに、選挙自体の無効まで主張。再集計の結果も野党の勝利だったため、エルドアン大統領は選挙管理委員会に圧力をかけ、開票に公務員以外の人間が関わっていたなどの理由で、選挙のやり直しを決めました。市民の間ではこうした経緯に不満が募ったため、投票前から野党候補のリードが伝えられていました。

**増田**　エルドアン氏自身、1994年にイスタンブール市長になって名を上げ、2003年には首相になり、14年に大統領に上り詰め、17年には憲法を改正して大統領に権力を集中させました。いわば独裁化の道を歩もうとしていたわけです。

**池上**　選挙に負けたことで、政権の求心力低下は避けられません。そもそも、経済が低迷していることと、エルドアン大統領の強権的な政治手法に対して、反発が強まっていますから。エルドアン大統領は、イスラム教を強調することで不満を解消しようとしていますね。

**増田**　トルコは政教分離の国ですが、「愛国心をあおるにはやはり宗教だ」ということなのでしょう。エルドアン大統領が権力を握ってから、モスクが次々に建設されて、イスラム色もどんどん濃くなっています。

**池上**　そもそもトルコは、歴史的に見て寛容な国です。ヨーロッパとアジアの懸け橋であり、「文明の十字路」と呼ばれ、キリスト教とイスラム教が共存してきました。その象徴が今回の写真で、世界遺産になっているアヤソフィアですね。

**増田**　イスタンブールが東ローマ帝国の首都でコンスタンティノープルと呼ばれていた5世紀に、キリスト教の大聖堂として建てられました。

**池上**　ローマ帝国が分裂して、キリスト教は西ローマ帝国でカトリックになり、東ローマ帝国では東方正教会になった。その東方正教会の総本山が、アヤソフィア大聖堂でした。

**増田**　15世紀半ばに東ローマ帝国が滅亡して、イスラム教のオスマン帝国が入ってきました。スルタンのメフメト2世は、大聖堂がとても素晴らしかったから壊さずに、壁の上に漆喰を塗り、周囲にミナレットという塔を建てて、イスラム教のモスクに改装したんです。

**池上**　写真に写っているのは、漆喰の剥げた古い壁から現れた、キリスト教の聖母子像でしょう。手前にある円盤には「預言者ムハンマド」や「アッラー」を表すアラビア文字が書かれています。ひとつの建物の中にイスラム教とキリスト教が同居している、非常に珍しいカットです。

## 他宗教も認める寛容政策によってオスマン帝国は繁栄した

**増田**　オスマン帝国は寛容政策を取ったことで有名です。他国を征服しても、その民族の宗教や文化、言語をそのまま認めた。だから、アヤソフィアも壊さず、モスクに転用したわけです。

**池上**　我々の高校時代の世界史では、国名をオスマン・トルコと習いました。「右手にコーラン、左手に剣」を合言葉に「イスラム教に改宗するか、そうでなければ殺すぞ」と脅しながら支配地域を広げていったと。しかしその後の研究で、改宗は行われず、税金さえ払えばキリスト教徒もユダヤ教徒も認めていたとわかったんですね。

**増田**　だからこそ、最盛期には北アフリカから紅海の両岸、ウクライナから南ヨーロッパまで領土を広げ、600年も国が続いたんです。民族的にもトルコ人だけでなく、いろいろな人がいたとわかったので、オスマン帝国と呼ぶようになりました。

　第一次世界大戦は同盟国と連合国の戦い。オスマン帝国は同盟国側に加わって敗れ、領土の大半を奪われたのをきっかけに滅亡しました。そのあとにできたのが現在のトルコ共和国です。

**池上**　初代大統領アタテュルクが、1934年にアヤソフィアを博物館とすることを決めました。モスクのままだと、イスラム教徒しか入れませんからね。文化財として修復や保存を行って、一般公開が続いています。

**増田**　アタテュルクは、トルコを近代化するために政教分離を決め、ラテン文字も導入。建国の父と呼ばれています。

**池上**　アラビア文字を使ってトルコ語を右から左へ書いていたのが、いきなり左から右へ書くことになったわけだから劇的な変革ですね。ところがエルドアンが大統領になった5年前から、トルコは急激におかしくなりました。言論弾圧も強まっています。

**増田**　2019年3月、エルドアン大統領はアヤソフィアをモスクとして使うと言い始めたんです。オスマン帝国が600年続いた理由が寛容さにあったことを、思い起こすべきですね。キリスト教とイスラム教が共存しているアヤソフィアは、とてもいい教材のはずなのに。

**池上**　世界のあちこちで宗教や民族の対立が広まっている中、ほかの文化が造った建造物を破壊しないでそのまま使うというオスマン帝国の知恵が、求められています。

## G20で日・米・露と個別首脳会談を行ったトルコの外交とは？

### ——トルコ編②

▲イスタンブールのグランドバザール。オスマン帝国のメフメト2世によって1461年に完成

▲1616年に完成したスルタンアフメト・ジャミイ（通称ブルーモスク）

G20大阪サミットのために2019年6月27日に来日したトルコのエルドアン大統領は、安倍晋三首相やトランプ大統領、プーチン大統領らと個別の首脳会談も行った。エルドアン大統領は、「21世紀のトルコ外交は、360度の全方位外交だ。脅威の多い地域にあって、安定を維持するための手段は選ばない」と語る通り、中国とは「一帯一路」の経済圏構想で協力し、ロシアとは安全保障やエネルギー分野で協力関係にある。

## 「エルトゥールル号」事件の恩返し

**池上**　日トルコ首脳会談では、EPA（経済連携協定）の早期妥結に向けて交渉を加速することで一致しました。締結されれば、トルコ産のナッツや果物が安く買えるようになり、日本からは自動車や自動車部品が輸出されます。歴史を振り返ると、トルコは親日の国で、良好な関係を続けてきましたよね。

**増田**　1890年に、オスマン帝国の戦艦・エルトゥールル号が日本へ表敬訪問に来て、帰りに和歌山沖で台風に遭って沈没したんです。和歌山の村人たちが総出で懸命に救助に当たり、69人の命が救われました。生き残った乗組員は日本の軍艦がトルコまで送り届け、全国から遺族への義援金まで集めました。トルコ人はこれに感激しました。

**池上**　トルコでは学校の教科書に載っていたことがあり、よく知られた話でした。1985年、イラン・イラク戦争のさなか、イランに約200人の日本人が取り残されました。日本の民間機も自衛隊機も飛んでいけない状況で、トルコ航空が危険を冒してこの人たちを救出しました。そのときトルコ側から、「エルトゥールル号事件の恩返しだ」という話が出たんですよ。

**増田**　もうひとつの理由は日露戦争ですね。トルコでは昔から、北に位置するロシアの南下が脅威でした。その大国ロシアを同じアジアの日本が破ったので、親日になったんです。

**池上**　地理的にはトルコはヨーロッパとアジアにまたがっているといえます。境に位置するのがイスタンブールで、ボスポラス海峡の西はヨーロッパ、東はアジアといえます。トルコの人たちには、自分たちは西アジアで日本と同じアジアの国という共感があるんです。

**増田**　そのくらいトルコの人たちは、日本人が大好き。

**池上**　右上の写真はイスタンブールのグランドバザールですね。約3万平方メートルに約4000店舗がひしめく巨大な市場です。ここへ行くと、こちらが日本人だとわかった途端、日本語で「バザールでござーる」と声をかけられる（笑）。91年にNECが放送したテレビCMのコピーです。

**増田**　私は、じゅうたんを売り付けられそうになりましたよ。ホテルからアヤソフィアへ行こうと乗ったタクシーの運転手さんが「じゅうたん要らないか」と聞くんです。断っても「親戚がじゅうたん屋なんだ」と言われ、店の前で車を停められて。

**池上**　危ないですね（笑）。

**増田**　店に入ったらお茶を出されて、「これはどうだ?」「こんな大きいのは持って帰れない」「じゃ、これは?」と、サイズがどんどん小さくなる（笑）。綺麗は綺麗なんですけど、重いし、最後まで頑張って断りました。待っていた運転手さんに「買わなかった」と言ったんですけど、不親切になることもなく、アヤソフィアではガイドもしてくれました。そのあと、グランドバザールへ連れていってもらったんです。時間が経ったら「大丈夫か」と心配して電話をくれて、迎えに来てくれました。

**池上**　いい人だったんですね。

**増田**　グランドバザールのじゅうたん屋さんを見たら、さっきのお店のほうが格段に品物がよかった。ちゃんとした店だったんだ、とわかりました（笑）。

**池上**　イスタンブールって、敬虔なイスラム教の国とは異なる雰囲気ですよね。女性たちはヒジャブをしていないし、けっこう肌を出した格好をしている。

**増田**　中東各国をよく取材する池上さんからすればそう感じるかもしれませんが、普通の人が旅行したら、とても異国情緒あふれる場所だと思いますよ。

## トルコの「360度全方位外交」とは？

**池上**　もうひとつの写真はブルーモスクですね。青いタイルの美しさからこの名がついた世界遺産です。17世紀の建物で、正式名称は、建造を命じたオスマン帝国皇帝の名をとって「スルタンアフメト・ジャミイ」。ジャミイとはトルコ語でモスクのことです。

**増田**　2016年1月には、この近くでISの自爆テロがありました。ドイツ人の観光客など10人が亡くなりました。私がトルコから帰ってきた直後のことで、とてもショックでした。トルコがアメリカ主導の対ＩＳ有志連合に参加して、隣国シリアに空爆を行ったことへの報復と言われています。

**池上**　アメリカとの関係で言えば、最近はトルコがロシア製の地対空ミサイルシステム「Ｓ４００」を導入するというので揉めました。トルコはＮＡＴＯ（北大西洋条約機構）に加盟していますから、アメリカにとっては軍事同盟国です。西側の軍事機密が、ロシアへ漏れかねないという懸念ですね。

しかしG20の合間に行われたトルコとアメリカの首脳会談では、トランプ大統領はミサイル購入に懸念を示したものの、ＮＡＴＯ同盟を強化するためにアメリカへの協力を求め、経済制裁には言及しませんでした。

エルドアン大統領はトランプ大統領にトルコ訪問を要請し、ターキッシュ・エアラインズ（トルコ航空）がボーイングの旅客機を１００機購入することも発表。まさしく「３６０度の全方位外交」です。

▼北キプロス・トルコ共和国側のニコシア。北キプロスとトルコの国旗がはためく

――キプロス編

## いまだ分断されているキプロス島。首都ニコシアの風景とは？

▲1974年の停戦で設けられたグリーンライン（緩衝地帯）を隔てる柵

地中海の東の奥に位置するキプロス島は、日本の四国の半分ほどの広さだが、1974年以来、南北に分断されている。60年にキプロス共和国（以下、キプロス）が建国されたが、その前から顕在化していたギリシャ系住民とトルコ系住民の対立が、武力衝突に発展。74年7月、ギリシャへの併合を狙ってギリシャ系住民がクーデターを起こすと、トルコ系住民の保護を名目にトルコ軍が侵攻。島の北部を占領した。翌月には停戦となったが、南北は分断されたまま現在に至る。南側はギリシャ系のキプロス共和国で、国連に承認され、EUにも加盟している。北側は、83年に独立を宣言した北キプロス・トルコ共和国（以下、北キプロス）だが、国家として承認しているのはトルコだけ。64年から国連キプロス平和維持軍が駐留し、停戦の維持や緩衝地帯の警備に当たっている。

## キプロス島にある国境は外国人の往来が簡単にできる

**池上**　キプロスとトルコは反目していて、トルコのEU加盟に反対しているのも、すでに加盟しているキプロスです。

増田　すべての加盟国が賛成しなければ、新規加盟は認められませんからね。

池上　傀儡《かいらい》国家である北キプロスの承認をやめて統一に協力するなら、トルコの加盟に反対しない、というのがキプロスの姿勢です。

増田　キプロスは古くはギリシャ文化圏でしたが、３００年続いたオスマン帝国の統治時代にトルコ系住民が入ってきました。第一次世界大戦でオスマン帝国が敗れてイギリスの植民地になり、第二次世界大戦後に独立すると、民族と言葉と宗教の対立が深まります。キプロスはギリシャ正教で、北キプロスはイスラム教ですね。

池上　そもそもキプロス紛争が始まったのは、55年です。本格的な内戦となって停戦に至るまで、住民同士の殺し合いが20年も続きました。

増田　74年の停戦で、グリーンラインと呼ばれる緩衝地帯がつくられました。首都のニコシアも、グリーンラインで南北に二分されています。

池上　ベルリンの壁が崩壊して東西ベルリンがひとつになったあとは、「世界で唯一の分断された首都」をうたい文句にしていますね。国境に英語とフランス語とドイツ語で、"The last divided capital"と書いてあります。２００４年から、外国人はグリーンラインを自由に行き来できるようになりました。

**増田**　パスポートを持っていれば簡単に通れます。私はニコシアの南側から行きましたが、クロスポイントと呼ばれる検問所で申請書を書いて、スタンプを押してもらって北側のニコシアに入ります。帰りも同じ手続きで、厳しくもありません。警備にあたっていたインド人兵士とアイルランド人兵士が記念撮影に応じてくれました。ボーダーの近くには、内戦の資料を集めた博物館がありました。

## 非承認国家、北キプロスの風景

**池上**　同じニコシアの町でも、北キプロス側に入ると雰囲気は変わりますか？

**増田**　南側は経済的に進んでいて、近代的なヨーロッパの雰囲気です。北側は混沌とした感じで、町中にモスクがあり、古い小売店が立ち並んでいました。

**池上**　写真は、ニコシアの北側ですね。真ん中に国旗が2種類写っていますけど、左がトルコで、右が北キプロスのものです。トルコの国旗の赤白を逆転させて、上下に赤いラインを入れたデザインが北キプロスの国旗なんです。

**増田**　その奥に見えるのが、モスクのミナレット（尖塔）です。

**池上**　もう一枚の写真は、バッファゾーンですね。国連のキプロス平和維持軍が警備している緩衝地帯です。
**増田**　人影はまばらでしたが、全然ものものしくありませんでした。
**池上**　武力衝突は長いこと起こっていないし、治安もいいですからね。それでも、最終的な和平の合意には至っていません。
**増田**　国連の仲介で、再統一への交渉は何度も行われているんですけど。
**池上**　04年には、アナン元国連事務総長が主導して住民投票が実施されました。連合共和国制にして、大統領は南北の輪番とする、など具体的な案でした。結果は、北キプロスが賛成多数だったのに対して、キプロス側は反対多数。トルコ軍が駐留するという項目が、反対の理由だったようです。つまり、国連に認められていない北キプロスが国連案に賛成したのに、不調に終わってしまったんです。そのあとも、話し合いが始まっては中断の繰り返し。だから我々の世代では、キプロスと聞けば紛争というイメージなんですよ。
**増田**　でもこの島は、ギリシャ神話の女神アフロディーテの生まれた島ともいわれています。

**池上** ローマ神話ではヴィーナスですね。貝殻の上にヴィーナスが立っている、ボッティチェッリの『ヴィーナスの誕生』という有名な絵も、この島を描いたものだとか。

**増田** その場所は、地中海に面したパフォスという古い町で、世界文化遺産に登録されたところです。遺跡や名所はほかにもたくさんあって、ギリシャ神話を描いたモザイク画とか、ローマ時代の公衆浴場の跡とか。

**池上** 観光が主要な産業ですからね。しかしこのところ、東地中海で巨大なガス田が発見されたために、緊張が高まっています。キプロスの排他的経済水域の中ですが、トルコが掘削を進めているからです。EUやアメリカに非難されても、トルコのエルドアン大統領は譲る気配を見せていません。

## おわりに ──国境を越え、壁を乗り越えて

日本のパスポートは世界最強です。飛行機や船に乗り、国境を難なく越えて世界各地を旅することもできますし、イスラエルとパレスチナの間にある分離壁であろうと、アメリカとメキシコとの国境沿いの壁であろうと、日本のパスポートさえあれば行き来することだってできます。

しかし、たとえ目と鼻の先に親きょうだいや親戚が住んでいても、壁のすぐ向こう側にかつて自分が住んでいた家があったとしても、そこに行くことも家族に会うこともできない。それがパレスチナやメキシコの人たちの現実です。テロリストが自国の安全を脅かすからとか、不法移民に仕事を奪われるからとかいう大義名分のもと、国境警備を過剰に厳重にしたり、壁を強固で高いものにしたり、というニュースを見ているだけではわからない状況がそこにはあります。

世界の政治についても、現地に赴いて取材を重ねていくと、日本にいるだけでは知りえない新たな発見があります。なぜ、アメリカではトランプ大統領が支持されるの

か、なぜ、イギリスはＥＵ離脱で混迷を極めているのか、なぜ、ドイツでは極右政党の支持率が伸びてきたのか……。こうした現象に対して、そもそも私自身が先入観のかたまりだからこそ、自分の持っている価値観と相いれないものがあるからこそ、疑問を持ち、その理由を知りたくなる、事実を確かめたくなる。だから取材に行くのかもしれません。もっとも、取材に出るときには、ただ〝野性の勘〟だけを頼りに飛び出して行くのですけれどね（笑）。

そんな私の粗削りな取材の成果を、一緒に話をすることによって、整理し、補強し、理解を深めてくださるのが、私の大先輩である池上彰さんです。長年にわたる取材経験に裏打ちされた、豊富な情報と確かな知識、誰も真似できない解説力によって、私がとってきた情報を「ニュースを読む力」に転化しているのがこの本なのです。

ニュースの背景にあるのは、誰もが抱いている「安心して笑顔で暮らしたい」という願いです。それを忘れずに、これからも国境を越え、壁を乗り越えて取材を続けていきます。

２０１９年10月

ジャーナリスト　増田ユリヤ

本書の内容は、
雑誌『プレジデント』の
以下の掲載記事を加筆・修正したものです。

「図説『世界のリーダーの聞く力、伝える力』」（2018.6.18 号）
「これからの時代を語ろう」（番外編）（2019.6.3 号）
「新しい時代の皇位継承」（番外編）（2019.6.17 号）
「日本から飛び出せ―エルサレム」（2018.10.15 号）
「板門店の緊張感―北朝鮮」（2018.10.29 号）
「極秘の南侵トンネル―北朝鮮」（2018.11.12 号）
「トランプのつくる壁―アメリカ」（2018.12.3 号）
「アメリカンドリーム―アメリカ」（2018.12.17 号）
「これはフェンス？―イスラエル」（2018.12.31 号）
「イエスもユダヤ人―イスラエル」（2019.1.14 号）
「トランプのアメリカ―アメリカ」（2019.2.4 号）
「米中衝突の現場から―アメリカ」（2019.2.18 号）
「『ドイツの壁』の正体―ミュンヘン」（2019.3.4 号）
「反難民と反・反難民―ドイツ」（2019.3.18 号）
「ドイツが反難民？―バイエルン」（2019.4.1 号）
「ＥＵ離脱に揺れる壁―イギリス」（2019.4.15 号）
「合意なき離脱を防げ―イギリス」（2019.4.29 号）
「『幸福な国』の変貌―デンマーク」（2019.5.13 号）
「黄色いベスト運動―フランス」（2019.7.5 号）
「ＥＵ懐疑派が躍進？―フランス」（2019.7.19 号）
「オスマン帝国の知恵―トルコ」（2019.8.2 号）
「『親日国』の今―トルコ」（2019.8.16 号）
「未だ分断された首都―キプロス」（2019.8.30 号）
（本書掲載順）

## 著者プロフィール

**池上 彰** （いけがみ あきら）

1950 年、長野県生まれ。73 年慶應義塾大学経済学部卒業後、NHK 入局。報道記者や番組キャスターを経て、94 年から「週刊こどもニュース」のお父さん役として活躍。2005 年からフリージャーナリストに。名城大学教授。
主な著書に『伝える力』（PHP ビジネス新書）、『知らないと損する 池上彰のお金の学校』（朝日新書）、『おとなの教養』（NHK 出版新書）などがある。

**増田 ユリヤ** （ますだ ゆりや）

1964 年、神奈川県生まれ。國學院大學文学部史学科卒業。27 年にわたり、高校で世界史・日本史・現代社会を教えながら、NHK ラジオ・テレビのリポーター兼ディレクターを務めた。現在コメンテーターとして活躍中。
主な著書に『揺れる移民大国フランス』（ポプラ新書）、『新しい「教育格差」』（講談社現代新書）、『教育立国フィンランド流 教師の育て方』（岩波書店）などがある。

現場レポート

# 世界のニュースを読む力

2019年 11月30日　第1刷発行

著　者　　池上 彰　増田ユリヤ
発行者　　長坂 嘉昭
発行所　　株式会社プレジデント社
〒102-8641　東京都千代田区平河町2-16-1
平河町森タワー13階
https://www.president.co.jp/
電話：編集（03）3237-3732　販売（03）3237-3731
編　集　　渡邉 崇　遠藤由次郎
装　幀　　西垂水 敦（krran）
撮　影　　原 貴彦（カバー写真）
制　作　　関 結香
販　売　　高橋徹　川井田美景　森田 巌　末吉秀樹
印刷・製本　図書印刷株式会社


ISBN978-4-8334-2349-6
Printed in Japan